스며들다,
정원오

스며들다,
정원오

표가아니라 마음을 얻는 사람

미래전략연구소 기획
이정훈 지음

더봄

세상에서 가장 어려운 일이 뭔지 아니?

흠, 글쎄요, 돈 버는 일? 밥 먹는 일?

세상에서 가장 어려운 일은
사람의 마음을 얻는 일이란다.

각각의 얼굴만큼 다양한 각양각색의 마음은
순간에도 수만 가지의 생각이 떠오르는데,
그 바람 같은 마음을 머물게 한다는 건
정말 어려운 거란다.

_생텍쥐페리의 『어린 왕자』 중에서

목차*

프롤로그 9

CHAPTER 1. 정원오가 누구야?
|1| 어르신의 꼬까신 14
|2| 실패해도 괜찮아 19
|3| 이걸 정원오가 만들었다고? 27
|4| 흡연이 범죄는 아니잖아요 34
|5| 전 세계로 퍼진 건널목 39
|6| 땅속을 읽는 문자 한 통 45

CHAPTER 2. 서울, 그 까다롭고 매혹적인 무대
|7| 서울시장 선거는 왜 어려운가? 57
|8| 서울의 선택은 대한민국의 내일 61
|9| 중도는 회색이 아니다 65
|10| 서울이 원하는 시장 70

CHAPTER 3. 경쟁자이자 파트너
|11| 박주민 78
|12| 서영교 82
|13| 전현희 86
|14| 박홍근 90
|15| 강훈식 94
|16| 김민석 98
|17| 조국 102

CHAPTER 4. 왜 정원오인가?

| 18 | 인지도가 문제라고? **108**
| 19 | 아닌 건 아니라고 **114**
| 20 | 강력한 사용 후기 **119**
| 21 | 한강버스 대 성공버스 **127**
| 22 | 너는 꼼수다 **133**
| 23 | 기이하고 놀라운 사건 **139**
| 24 | 글로벌 G2 서울 **145**

CHAPTER 5. 행정에 깃든 철학

| 25 | 동네가 핫해지면 쫓겨나야 하는가? **153**
| 26 | 기생충과 헤어질 결심 **160**
| 27 | 길이 없으면 만들면 된다 **167**
| 28 | 보수야, 진보야? **174**
| 29 | 구청이 상주가 되던 날 **179**
| 30 | 어깨를 내어주는 일 **183**

CHAPTER 6. 스며들게, 물들게

| 31 | 부족함을 아는 지혜 **192**
| 32 | 쫄지마, 오바! **198**
| 33 | 앞서간 발자국 **203**
| 34 | 좋은 걸 어떡해 **210**
| 35 | 울림이 있는 데뷔전 **215**
| 36 | 스며들게, 물들게 **220**

에필로그 **224**

프롤로그*

12.3 내란이 일어난 지 1년.

달력은 무심히 넘어갔지만, 우리 마음속의 진동은 쉬이 가라앉지 않았다. 어렵게 새 정부가 닻을 올렸으나, 엉킨 실타래는 여전히 단단하고, 그 거센 소용돌이를 만든 사람들은 아이러니하게도 여전히 같은 자리에서, 같은 표정을 짓고 있다.

도시는 평소처럼 변함이 없지만, 거리를 걷는 사람들의 어깨는 눈에 띄게 처져 있었다. 내년 지방선거에서 서울의 무게는 더 커졌고, 여기저기 이름들을 훑어봐도 보수 쪽의 오세훈 시장을 이길 진보 쪽의 선명한 얼굴이 좀체 떠오르지 않는다. 그때, 흐릿한 안개 속에서 한 사람이 보였다. 정원오, 그는 숨겨진 보석이었다.

'왕십리 똥파리'. 다른 사람은 몰라도, 나는 이 말을 편하게 입에

올릴 수 있다. 내가 태어나고 자란 곳, 30년 넘게 함께한 곳이니까. 한때는 서울에서 가장 낙후된 동네라며 자조 섞인 농담을 주고받던 곳이었다. 그런데 지금은 어떤가. 서울에서 가장 잘나가는 동네, 누구나 살고 싶어 하는 동네가 되었다.

어떻게 몇 년 만에 이런 변화가 가능했을까? 정원오에 대한 나의 호기심은 바로 이 지점에서 싹텄다. 얼마 전, 그와 마주 앉을 기회가 있었다. 우리는 동년배였고, 같은 학번이었으며, 비슷한 시대를 건너온 사이였다. 성동구청의 어느 회의실에서 처음 인사를 나눴다. 차분한 목소리, 그리고 몸에 밴 겸손과 신중함. 그는 그런 사람이었다.

슬쩍 미끼를 던졌다. 선거도 앞두고 있으니 홍보용 자서전 하나 써보는 게 어떻겠느냐고. 열에 아홉, 아니 정치인이라면 누구나 먼저 꺼냈을 법한 제안이었다. 하지만 그는 잠시 웃더니 고개를 저었다.

"글쎄요. 제가 자서전을 쓸 만한 인물이 못 됩니다."

단칼에 거절당했는데도 기분이 나쁘기는커녕 묘한 안도감이 들었다. 아, 이 사람, 여의도 문법과는 결이 다른 사람이구나. 성과를 나열하며 어깨에 힘을 주어도 이상할 것 없는 자리였지만, 그는 끝까지 말을 아끼며 몸을 낮췄다.

그래서 펜은 내가 들기로 했다. 정원오가 궁금한 사람들에게, 그가 걸어온 길과 앞으로 나아갈 방향을 조심스레 비춰 보여주고 싶었다. 이 책이 숨겨진 그의 진면목을 알리는 데 조금이라도 보탬이 되었으면 한다.

CHAPTER 1*
정원오가 누구야?

누군가의 서러운 하루에
살짝,
발걸음을 멈추던 사람

1*
어르신의 꼬까신

정원오 성동구청장을 보면 어떤 느낌이 드는가?

지나가는 시민들에게 이렇게 묻는다면 아마 비슷한 대답들이 돌아올 것이다. 점잖은 사람 같다, 학교 선생님 같은 느낌이다, 혹은 침착하고 냉철해 보인다. 다 맞는 말이다. 그는 큰 소리를 내거나 과장된 몸짓을 하는 사람이 아니니까. 하지만 누군가가 나에게 정원오는 어떤 사람이냐고 직설적으로 묻는다면, 망설임 없이 이렇게 답할 것이다.

"따뜻한 사람이다."

정원오가 성동구에서 만든 수많은 변화 중에서, 유독 눈길을 사로잡은 '꼬까신' 이야기가 그 이유를 설명해 준다.

치매는 기억을 훔쳐 가는 병이다. 하지만 더 무서운 건 사랑하는 가족을 길 위에서 잃어버릴지도 모른다는 공포다. 치매 어르신이 문을 열고 나가는 순간, 가족들의 전쟁은 시작된다. 잠깐 눈을 뗀 사이에 어디로 가셨는지 알 수 없어 온 동네를 헤매고, 혹시 사고라도 당하지 않았을까 가슴을 졸인다. 이런 일이 반복되면 가족의 일상은 소리 없이 무너진다.

그동안 이 문제를 해결하려는 방법들이 없었던 건 아니다. 목걸이에 이름표를 달아 드리고, 손목에 위치 추적 팔찌를 채워 드렸다. 하지만 문제가 있었다. 어르신들이 이걸 불편해하신다는 거다.

목에 건 줄은 거추장스럽고, 손목에 찬 팔찌는 마치 족쇄처럼 느껴진다. '나는 환자다'라고 광고하는 것 같아 자존심이 상하신 어르신들은, 가족이 안 보는 사이에 목걸이를 풀어 버리고 팔찌를 끊어 버리곤 했다. 안전을 위해 달아 드린 장치가 오히려 어르신의 존엄을 건드리게 되었다.

정원오는 바로 이 지점을 고민했다. 어떻게 하면 어르신의 자존심을 다치게 하지 않으면서도 안전을 지킬 수 있을까. 기술보다 사람이 먼저 보여야 답이 나온다. 그는 어르신들의 오랜 습관을 관찰했다. 기억이 사라져도, 평생 몸에 밴 습관은 남는다. 어르신들은 밥 먹는 법은 잊어도, 밖에 나갈 때 신발을 신어야 한다는

어르신들이 매일 신는 편안한 운동화.
그 속에 기술을 숨기면 어떨까.
그래서 탄생한 것이 바로 성동구의 '꼬까신'이다.

사실은 잊지 않는다.

"아, 신발이다!"

그는 무릎을 쳤다. 어르신들이 매일 신는 편안한 운동화. 그 속에 기술을 숨기면 어떨까. 그래서 탄생한 것이 바로 성동구의 '꼬까신'이다.

이 신발은 겉보기엔 평범한 운동화와 똑같다. 하지만 비밀은 깔창 아래에 있다. 신발 뒤축이나 깔창 밑에 아주 작은 GPS가 숨겨져 있다. 어르신이 신발을 신고 집을 나서는 순간, 신발은 조용히 깨어나 보호자의 스마트폰으로 신호를 보낸다.

어르신이 평소 다니던 안전한 구역을 벗어나면 보호자의 전화기가 울린다. 성동구의 관제센터와 경찰서에도 동시에 알림이 뜬다. 어르신은 그저 산책을 나왔을 뿐인데, 보이지 않는 기술이 그림자처럼 어르신을 지킨다. 무엇보다 좋은 건, 남들 눈에는 그저 멋진 운동화를 신은 어르신으로 보인다는 점이다. 누구도 그 신발을 보고 치매를 떠올리지 않는다. 안전은 지키고, 존엄은 살린 것이다.

물론 이 신발은 비싸다. 한 켤레에 25만 원이 넘고, 매달 통신비도 든다. 형편이 어려운 가정에서는 그림의 떡일 수 있다. 그래서 정원오 구청장은 예산을 털어 이 신발을 무상으로 선물했다. 꼭 필요한 분들을 찾아내 신발을 신겨 드리고, 통신비도 일정 기간 구청이 냈다.

효과는 놀라웠다. 실종 신고가 들어와도 경찰이 위치를 파악하는 데 걸리는 시간이 확 줄었다. 무엇보다 가족들이 밤에 다리를 뻗고 잘 수 있게 되었다. "어머니가 신발을 신고 나가시면 안심이 돼요. 이제야 좀 살 것 같습니다." 보호자들의 감사 인사가 줄을 이었다.

정원오 구청장이 만든 꼬까신은 단순한 위치 추적기가 아니다. 그것은 자식들이 부모님의 발에 신겨 드리고 싶었던 죄송함과 사랑이자, 우리 사회가 어르신들에게 보내는 마지막 예의다.

기술은 차갑다. 하지만 차가움에 사람의 깊은 마음이 담기면, 그 기술에도 온기가 깃든다. 가장 약한 사람의 가장 아픈 곳을, 자존심 상하지 않게 감싸 안아주는 행정.

정원오가 냉철한 사람으로 보이는가?
그렇다면 꼬까신을 보라. 그는 차분한 얼굴로, 대한민국에서 가장 따뜻한 신발을 만들어낸 사람이다.

2* 실패해도 괜찮아

지금 서울은 빠르게 늙어가고 있다.

강남의 화려한 빌딩 숲과 유행을 선도하는 거리는 여전해 보이지만, 그 안을 채우던 젊은 활력은 썰물처럼 빠져나가고 있다. 통계청이 발표한 자료를 보면, 2023년 한 해에만 2030 청년 7만 명 이상이 서울을 등졌다.

이유는 복잡하지 않다. 일할 곳은 줄어들고, 누울 방 한 칸은 비싸고, 내일은 안개 속에 있기 때문이다. 서울은 이제 청년들에게 꿈꾸는 무대가 아니라, 어떻게든 버텨 내야 하는 가혹한 서바이벌 현장이 되어버렸다.

하지만, 이 회색빛 흐름 속에서 유독 젊은 에너지가 초록빛으로 펄떡이는 곳이 있다. 바로 성동구다.

사람들은 성수동을 그저 맛집과 카페가 즐비한 핫플레이스라고 알고 있다. 하지만 정원오가 바라보는 성수동은 다르다. 그는 이곳을 청년들이 마음껏 실패하고, 무릎을 털고 다시 일어날 수 있는 거대한 인큐베이터로 만들었다.

성수동 한복판, 서울숲이 내려다보이는 곳에 자리 잡은 성동청년 창업이룸센터, 보통 이런 금싸라기 땅에는 비싼 오피스텔이나 상가가 들어서기 마련이다. 수익성을 생각하면 그게 당연한 선택이다.

하지만 정원오는 이 노른자 땅을 과감하게 청년들에게 내어줬다. 월 20만 원대의 믿기 힘든 임대료로 번듯한 사무실을 빌려주고, 샤워실과 공유 주방까지 갖춰 집처럼 편하게 일하며 꿈을 키우게 했다. 이 공간이 주는 메시지는 명확하다.

'돈 걱정은 나중에 해라. 실패해도 괜찮다. 여기서 마음껏 저질러 봐라.'

이 공간 자체가 청년들에게 보내는 가장 강력하고 실질적인 응원인 셈이다.

일자리뿐만이 아니다. 정원오는 청년의 보금자리 챙기는 일에도 진심이다. 한양대 근처에는 성동한양 상생학사라는 곳이 있다. 구청과 LH, 한양대, 그리고 마음 좋은 집주인이 힘을 합쳐 만든 반값 원룸이다. 보증금과 월세를 나눠 내주어, 청년들이 월세 낼 돈을 벌기 위해 아르바이트를 전전하는 대신 공부와 취업 준비에 전념할 수 있게 돕는다.

또 성동구로 처음 독립해 온 청년에게는 생필품 구매비 20만 원을 쥐어 준다. 돈의 액수가 중요한 게 아니다. 낯선 도시에 떨어진 청년에게 너의 새로운 시작을 우리가 진심으로 환영한다는 따뜻한 인사가 그들의 마음을 움직이는 것이다.

이런 진심은 수치로 증명된다. 최근 발표된 여론조사 결과는 서울의 민심, 특히 청년의 마음이 어디로 향하고 있는지를 명확하게 보여준다. 스트레이트뉴스가 여론조사기관 조원씨앤아이에 의뢰해, 2025년 11월 1일부터 2일까지 서울 거주 만 18세 이상 801명을 대상으로 실시한 차기 서울시장 진보·여권 후보 적합도 조사에서 정원오 성동구청장은 13.0%를 기록하며 1위를 차지했다.

거물급 인사나 인지도 높은 현역 의원들을 제치고 현직 구청장이 가장 높은 자리에 오른 것이다. 여기서 우리가 주목해야 할 지점은 세부 지표다. 바로 미래를 짊어질 20대 청년층의 지지다. 이

조사에서 18세부터 29세까지의 청년층은 정원오에게 20.2%라는 높은 지지를 보냈다.

최근 2030 세대, 특히 남성층은 민주당에 결코 우호적이지 않다. 오히려 진보 진영 전체에 대한 불신이 깊고, 이념보다는 공정과 실리를 중요하게 여기는 까다로운 유권자다. 그런데 이 냉소적인 20대가 왜 유독 정원오에게만큼은 마음을 열었을까.

이유는 단순하다. 청년들은 아는 것이다. 누가 훈계하려 들고, 누가 나를 진짜로 챙겨주는지를. 누가 가짜고, 누가 '찐'인지를.

성수동의 한 공유사무실에서 만난 20대 창업가는 정원오에 대해 이렇게 말했다.

"정치인들은 보통 청년 간담회를 하면 훈수를 두거나 사진만 찍고 가잖아요. 그런데 정원오는 달라요. 와서 듣기만 해요. 그리고 며칠 뒤에 보면 우리가 말했던 불편한 점이 진짜로 고쳐져 있어요. 꼰대 같지 않고, 그냥 일 잘하는 선배 같아요."

또 다른 취업 준비생은 이렇게 말한다.

'성동구에 살면서 내가 보호받고 있다는 느낌을 처음 받았어요.

"정치인들은 보통 청년 간담회를 하면 훈수를 두거나
사진만 찍고 가잖아요. 그런데 정원오는 달라요.
와서 듣기만 해요. 그리고 며칠 뒤에 보면
우리가 말했던 불편한 점이 진짜로 고쳐져 있어요."

이사 오자마자 웰컴 박스 챙겨주는 것부터, 도서관 야간 운영 시간 늘려주는 것까지. 거창한 이념보다 내 하루를 챙겨주는 디테일이 좋았어요.'

보수화된 청년들이 정원오를 지지하는 건, 그가 특정 진영의 후보라서가 아니다. 유능하기 때문이다. 내 삶에 실제로 도움이 되기 때문이다. 청년들에게 정원오는 정치인이 아니라, 내 불편을 해결해 주는 든든한 파트너다.

정원오 역시 최근의 지지율 상승에 대해 "저 개인에 대한 지지라기보다는, 행정가 출신으로서 성과를 보여준 이재명 대통령에 대한 기대감이 저를 통해 표출된 것 같다"라며 몸을 낮췄지만, 청년들은 그 겸손 뒤에 숨겨진 실력을 이미 알아본 것이다.

만약 정원오가 서울시장이 된다면, 성동구에서 증명한 이 청년 성공 방정식은 서울 전역으로 확장될 것이다.

첫째, 서울형 반값 주거다. 성동구의 상생학사 모델을 서울 25개 구 대학가와 역세권으로 넓혀, 청년들이 월세 지옥에서 벗어나 숨이라도 좀 쉴 수 있게 할 것이다.

둘째, 실패 안전망이다. 성수동의 창업 허브를 서울의 거점마다 만들어, 한 번 실패해도 빚더미에 앉지 않고 다시 도전할 기회를 줄 것이다.

셋째, 청년 자유 패스다. 교통비, 문화 생활비, 이사 비용처럼 청년의 발목을 잡는 생활 비용을 과감하게 덜어줄 것이다.

정원오에게 청년은 단순히 표를 주는 유권자가 아니다. 도시의 내일을 이끌어 갈 가장 소중한 동료다. 서울이 늙어 가는 것을 막을 유일한 방법은, 청년들이 오고 싶은 도시를 만드는 것뿐이다.

성동구는 이미 그 길을 찾았다. 머물고 싶고, 도전하고 싶고, 성장할 수 있는 도시. 정원오가 그리는 서울의 청사진에는 청년의 자리가 가장 넓고 단단하게 마련되어 있다. 늙어 가던 서울의 회춘은, 20대의 선택을 받은 정원오와 함께 시작될 것이다.

3*
이걸 정원오가 만들었다고?

매년 기록을 갈아치우는 불볕더위, 그리고 살을 에는 한파.

서울의 계절은 날이 갈수록 사나워지고 있다. 한여름 아스팔트 위는 그야말로 펄펄 끓는 가마솥이다. 건널목 신호를 기다리는 1분, 버스를 기다리는 5분이 영겁의 시간처럼 느껴진다. 정류장에 서 있는 어르신들은 현기증을 참으며 부채질하고, 아이들은 뜨거운 열기에 얼굴이 빨갛게 달아오른다. 우리는 오랫동안 이 고통을 계절의 섭리라 여기며 그저 견뎌 왔다.

하지만 요즘 서울의 거리 풍경은 조금 다르다. 건널목 앞에는 커다란 초록색 파라솔이 활짝 펴져 있고, 버스 정류장에는 투명한 유리로 된 근사한 쉼터가 들어서 있다. 사람들은 신호를 기다리다 자연스럽게 파라솔 그늘 아래로 모여든다. 버스가 오기 전까

지 스마트 쉼터 안에서 땀을 식힌다. 요즘은 세상 참 좋아졌네, 하며 무심히 지나가지만, 정작 이 고마운 변화가 어디서, 누구의 손에서 시작됐는지는 잘 모른다.

이걸 정원오가 만들었다고?

그렇다. 우리가 오늘 공기처럼 당연하게 누리는 이 시원함은 어느 날 하늘에서 뚝 떨어진 게 아니다. 펄펄 끓는 도로 위, 누군가의 고단한 등 뒤를 땀 흘리며 지켜본 한 사람의 집요한 고민이 만든 결과다.

시계바늘을 2017년 여름으로 돌려 보자. 성동구청의 한 회의실, 정원오는 직원들에게 이렇게 말했다.

"불볕더위가 오면 도시에서 가장 위험한 곳이 어딘지 아십니까. 바로 건널목 앞이고, 버스 정류장입니다. 젊은 사람도 땡볕에 1분만 서 있으면 어지러운데, 거기 서 계신 분들이 다 우리 부모님이고 아이들입니다. 그냥 보고만 있을 수는 없습니다."

그전까지 그늘막이라고 해 봐야 동네잔치 때나 쓰는 천막이 전부였다. 햇빛은 조금 가려주었지만, 바람이 불면 펄럭이다 뒤집히고 비가 오면 금세 축축해져 흉물스럽게 변하곤 했다. 관리하기 힘들다는 이유로 공무원들은 설치를 꺼렸다.

정원오는 생각을 뒤집었다. 그늘도 기술이다. 단순히 천을 씌우는 게 아니라, 날씨에 따라 스스로 움직이는 똑똑한 그늘막을 만들자. 그렇게 탄생한 것이 바로 성동형 스마트 그늘막이다.

이 그늘막은 기온이 오르면 꽃이 피듯 스스로 펴지고, 태풍이 불거나 해가 지면 알아서 접힌다. 해가 움직이면 그늘의 위치도 따라 움직인다. 밤에는 조명이 켜져 어두운 건널목을 밝히는 가로등 역할까지 한다. 대단한 우주 기술은 아니지만, 뙤약볕 아래 신호를 기다리는 사람들에게는 구세주나 다름없었다.

설치 후 반응은 뜨거웠다. 신호 기다리는 게 지옥 같았는데 이제 살 것 같다, 누가 만들었는지 상 줘야 한다는 칭찬이 쏟아졌다. 실제로 그늘막 아래 온도는 바깥보다 3도에서 4도나 낮았다. 이 초록색 그늘막은 곧 서울 전역으로, 전국으로 퍼져나가 이제는 대한민국 여름 거리의 표준이 되었다.

하지만 정원오의 실험은 거기서 멈추지 않았다. 그는 욕심을 냈다.

"그늘막만으로는 부족합니다. 버스를 기다리는 시간 자체를 고통이 아니라 휴식으로 만들 수는 없을까요?"

CHAPTER 1. 정원오가 누구야?

그 고민 끝에 나온 것이 바로 성동형 스마트 쉼터다. 길을 가다 한 번쯤 보셨을 것이다. 3면이 투명한 강화유리로 된, 마치 미래 도시의 정류장 같은 그곳 말이다.

문을 열고 들어가면 딴 세상이 펼쳐진다. 천장에서는 시원한 에어컨 바람이 나오고, 공기청정기가 쉴 새 없이 돌아가며 도로의 매연과 미세먼지를 걸러낸다. 화면에는 버스가 언제 오는지 분 단위로 뜨고, 휴대전화를 충전하며 잔잔한 클래식 음악까지 들을 수 있다.

처음 이 아이디어를 냈을 때, 주변의 반대도 만만치 않았다. 버스 정류장에 에어컨이라니 세금 낭비 아니냐, 노숙인들이 차지하고 안 나가면 어떡하냐는 현실적인 우려들이 쏟아졌다.

하지만 정원오는 물러서지 않았다. 기술로 해결할 수 있다고 믿었다. 인공지능 CCTV를 달아 싸움이나 비명이 들리면 경찰서로 바로 연결되게 했고, 24시간 관제센터에서 내부 상황을 살피며 온도를 조절했다.

결과는 대성공이었다. 스마트 쉼터는 불볕더위와 한파, 미세먼지를 피해 잠시 쉬어 가는 도심 속 피난처가 되었다. 늦은 밤 귀갓길 여성들에게는 버스를 기다리는 동안 안심하고 머물 수 있는 투명한 안전지대가 되어 주었다. CNN과 가디언 같은 해외 유력 언론들도 한국의 버스 정류장은 미래에서 왔다며 놀라워했다.

이제 스마트 그늘막과 스마트 쉼터는 성동구를 넘어 서울의 다른 구로, 그리고 전국의 도시들로 퍼져나가고 있다. 낯선 동네를 걷다 문득 그 익숙한 쉼터를 마주치는 일도 이제는 제법 반가운 일상이 되었다.

숨이 턱끝까지 차오르던 서울의 뙤약볕 아래, 언제부터 서늘한 바람 한 점이 불기 시작했는지. 도망치고만 싶었던 도로 위 기다림의 시간이, 언제부터 잠시 숨을 고르는 여유로 바뀌었는지.

우리는 그 시작점을 기억한다. 그늘 한 점 없는 건널목 앞에서, 버스 정류장에서, 누군가의 땀 젖은 등을 바라보며 깊이 고민했던 한 사람의 마음을.

4*
흡연이 범죄는 아니잖아요

아이의 손을 잡고 성수동 거리를 걷던 어느 주말이었다.

보통 때라면 이쯤에서 코를 막고 걸음을 재촉해야 했다. 식당 뒷골목, 편의점 앞, 건물 사이의 틈새. 그곳은 으레 담배 연기가 뭉게구름처럼 피어오르는 '지뢰밭'이었으니까. 비흡연자에게 길을 걷는다는 건 참아야 하거나 피해야 하는 눈치 싸움이었다.

그런데 이상했다. 분명 사람들이 모여 있는데, 매캐한 냄새가 나지 않는다. 가까이 가 보니 투명한 유리로 된 작은 건물이 서 있다. 그 안에는 사람들이 담배를 피우고 있다. 그런데 문이 열리고 사람이 나오는데도 연기는 따라 나오지 않는다. 마치 보이지 않는 막이 안과 밖을 완벽하게 가르고 있는 것 같았다.

도대체 이 유리방에 무슨 비밀이 숨겨져 있는 걸까.

이것이 바로 성동구가 만든 '성동형 스마트 흡연 부스'다. 이 부스가 처음 등장했을 땐 사람들에게 '불시착한 우주선' 같다는 소리도 들었다. 겉은 유리라 속이 훤히 들여다보이는데, 연기는 밖으로 탈출할 꿈도 못 꾼다.

비밀은 병원 격리 병동에서나 쓰던 '음압 기술'에 있다. 정원오는 이 기술을 길거리로 가져왔다. 부스 안의 기압을 바깥보다 낮게 유지해, 문이 열려도 공기가 무조건 안쪽으로만 빨려 들어가게 설계했다. 연기가 밖으로 나오고 싶어도 과학적으로 나올 수가 없는 구조다.

안으로 들어가면 더 놀랍다. 보통의 흡연실이라면 너구리굴처럼 연기가 자욱해야 정상이지만, 이곳은 다르다. 천장에 달린 강력한 공기 정화 장치가 쉴 새 없이 연기를 빨아들여 필터로 거르고, 깨끗한 공기만 밖으로 내보낸다.

여기에 냉난방기가 돌아가 여름엔 시원하고 겨울엔 따뜻하다. 심지어 재떨이도 스마트하다. 꽁초를 넣으면 센서가 감지해 자동으로 불을 끄고 잘게 부순다. 꽁초가 산처럼 쌓여 악취를 풍기거나 불이 날 걱정도 없다. 이렇게 모인 꽁초는 버려지는 게 아니라 플

라스틱과 섞여 열가소성 목재로 재활용된다.

이 신기한 유리방이 생기기 전, 성동구청 민원 게시판은 전쟁터였다. "담배 냄새 때문에 못 살겠다"는 주민들의 아우성과 "내 돈 내고 담배 사서 피우는데 죄인 취급하지 마라"는 흡연자들의 항변이 매일같이 부딪쳤다.

보통의 행정은 쉬운 길을 택한다. 현수막을 더 크게 걸고, 단속반을 풀어 과태료를 물린다. '여기서 피우지 마세요'라고 으름장을 놓는 것. 그게 가장 빠르고 편한 방법이니까.

하지만 정원오의 생각은 달랐다. 그는 '풍선 효과'를 걱정했다.

"쫓아낸다고 연기가 사라지나. 사람은 사라지지 않는다. 여기서 쫓아내면 저 골목으로, 남의 집 담벼락 아래로 숨을 뿐이다."

그는 이 문제를 도덕이나 시민의식의 문제가 아니라 '공간의 문제'로 봤다. 흡연자를 탓할 게 아니라, 그들이 떳떳하게 피울 수 있는 공간을 주되, 그 연기가 남에게 단 1%도 피해를 주지 않도록 기술적으로 막으면 되는 것 아닌가.

그렇게 탄생한 이 공간은 마법 같은 결과를 가져왔다.

흡연 부스가 설치된 서울숲 일대는 3년 동안 500건 넘게 쏟아지던 간접흡연 민원 지역이었다. 하지만 부스 설치 직후, 그 민원이 거짓말처럼 '0건'이 되었다. 연간 170건의 민원으로 몸살을 앓던 사무실 밀집 지역도 1년 내내 민원 전화가 한 통도 울리지 않았다.

누적 이용자 수는 무려 525만 명. 바닥을 하얗게 뒤덮던 꽁초도 자취를 감췄다. 흡연자들은 '눈치 보지 않고 피울 수 있어 좋다'고 했고, 비흡연자들은 '숨을 참지 않고 걸을 수 있어 좋다'고 했다.

정원오가 만든 건 단순한 흡연실이 아니다. 그것은 '서로에 대한 예의'를 지킬 수 있게 해 주는 평화의 장치다.

흡연자에게는 '당신도 세금을 내는 존중받아야 할 시민입니다'라는 메시지를, 비흡연자에게는 '당신의 건강과 일상을 방해하지 않겠습니다'라는 확실한 약속을 동시에 건넨 셈이다. 누군가를 배제하고 쫓아내는 차가운 규제가 아니라, 기술을 이용해 서로의 영역을 지켜주는 따뜻한 배려다.

이 투명한 유리 상자는 말한다. 갈등은 한 쪽을 무조건 억누르거나 몰아낸다고 풀리는 게 아니라고. 서로가 납득할 수 있는 합리적인 자리를 만들어줄 때 비로소 해결된다고.

이제 성동구의 골목에서는 코를 막고 인상을 찌푸리며 지나가는 사람을 보기 힘들다. 대신 아이의 손을 잡고 느긋하게 그 앞을 걸어가는 평온한 풍경이 있을 뿐이다.

덕분에 자욱하던 연기는 흔적 없이 사라지고, 숨을 참던 사람들은 비로소 숨통이 트였다. 그저 막힌 곳을 뚫어주고, 섞이지 않게 나눠줬을 뿐인데 거리는 다시 평화를 찾았다.

5*
전 세계로 퍼진 건널목

비 오는 밤, 건널목 앞에 서 본 사람은 안다.

우산에 가려 시야는 좁고, 빗소리에 차 소리는 묻히고, 검은 아스팔트 위로 빛이 번져 신호등마저 흐릿하게 보이는 그 순간의 불안함을.

여기에 아이들이 있다. 요즘 아이들은 건널목 앞에서도 고개를 숙인다. 손에 든 스마트폰 속 세상에 빠져 신호가 바뀌었는지, 차가 오는지조차 잊을 때가 많다. 어른들은 혀를 차며 스몹비_{스마트폰 + 좀비}라고 부르지만, 걱정스러운 건 어쩔 수 없다.

"앞을 좀 봐, 위험해!"

부모의 마음은 늘 조마조마하다. 운전자도 마찬가지다. 어두운 밤, 갑자기 튀어나오는 검은 옷의 보행자는 공포 그 자체다.

2019년, 어린이보호구역에서 안타까운 사고 소식이 연이어 들려오던 때였다. 성동구청 회의실의 공기는 무거웠다. 누군가는 아이들에게 안전 교육을 더 해야 한다고 했고, 누군가는 운전자를 더 강력하게 처벌해야 한다고 했다. 하지만 정원오의 생각은 조금 달랐다.

"아이들에게 스마트폰을 보지 말라고 윽박지른다고 안 볼까? 운전자에게 조심하라고만 하면 사고가 사라질까? 사람이 실수하더라도 시스템이 막아줘야 진짜 안전이다."

그는 사람을 바꾸려 하는 대신 도로를 바꾸기로 했다. 고개를 숙이고 다니면, 바닥에 신호를 보여주면 되지 않나. 밤에 사람이 안 보이면, 무대 조명처럼 사람을 비춰주면 되지 않나.

그렇게 성동구의 스마트 건널목이 세상에 나왔다.
이 건널목은 살아 있는 생명체처럼 움직인다. 신호등이 초록색으로 바뀌면, 바닥에 깔린 LED 조명도 동시에 초록빛으로 빛난다. 스마트폰을 보느라 고개를 푹 숙인 아이들의 시야에도 선명한 초록불이 들어온다.

성동구의 건널목 앞에서는 누구나 평등하게 안전하다.
아이들은 고개를 숙여도 신호를 볼 수 있고,
어르신은 안심하고 건널 수 있으며,
운전자는 실수를 줄일 수 있다.

"지금은 건너도 돼."

바닥이 말을 건네는 셈이다.

귀가 어두운 어르신이나 앞이 보이지 않는 분들에게는 친절한 음성 안내가 들려온다. 아직 빨간 불이니 기다리세요. 이제 초록 불이니 건너세요. 밤이 되면 건널목 위로 환한 집중 조명이 쏟아진다. 비가 오나 눈이 오나, 운전자의 눈에 보행자가 주인공처럼 선명하게 보이도록 만든다.

차가 정지선을 슬금슬금 넘어가면 어떻게 될까. 전광판에 즉시 그 차의 번호와 함께 경고 문구가 뜬다. 경찰관이 호루라기를 불지 않아도, 운전자는 뜨끔해서 브레이크를 밟는다. 감시가 아니라, 스스로 조심하게 만드는 넛지 부드러운 개입다.

수치가 말해준다. 2019년 전국 최초로 성동구 초등학교 앞 14곳에 이 건널목을 깔았다. 설치 전 3년과 비교해 보니 보행자 교통사고가 20퍼센트 넘게 줄었다. 무엇보다 중요한 건 설치된 곳에서 중상 사고는 절반 이상 줄었으며, 단 한 건의 사망 사고도 일어나지 않았다는 사실이다. 정지선을 위반하는 차량은 80퍼센트 가까이 사라졌다.

이 기적 같은 변화를 세계가 먼저 알아봤다.

2024년 7월, OECD경제협력개발기구 산하의 공공부문혁신관측소 OPSI는 성동형 스마트 건널목을 세계의 혁신 사례로 선정했다. 전 세계 83개국에서 올라온 800여 개의 정책 중에서 단연 돋보이는 성과였다. OECD는 이 건널목을 단순한 교통 시설이 아니라, '기술이 사회적 약자를 어떻게 포용할 수 있는지를 보여준 모델'이라고 평가했다. 이제 성동구의 사례는 전 세계 98개국 공무원들이 열람하는 혁신 라이브러리에 등재되어, 누구나 펼쳐볼 수 있는 교과서가 되었다.

반응은 뜨거웠다. 일본 도쿄도의회 의원들이, 페루 리마시의 공무원들이 비행기를 타고 성동구의 건널목을 보러 왔다. 그들은 화려한 마천루가 아니라, 아이들이 건너는 건널목 앞에서 꼼꼼히 메모하고 사진을 찍었다.

'한국의 일개 구청이 만든 시스템이 어떻게 사고를 0으로 만들었는가.'

그 궁금증을 풀기 위해 몽골에서, 세르비아에서, 대만에서 발길이 이어졌다. 그들은 성동구의 스마트 쉼터와 건널목을 하나의 '안전 패키지'로 묶어 본국으로 가져갔다. CNN과 가디언 같은 해외 유력 언론들도 한국의 스마트 도시 기술이 화려한 겉모습이 아니라 시민의 안전을 지키는 데 쓰이고 있다며 주목했다.

성동구의 골목에서 시작된 초록 불빛이 이제는 서울 전역을 넘어, 국경을 넘어 전 세계의 도로 위를 밝히기 시작한 것이다. 하지만, 이 화려한 기술과 국제적인 찬사 뒤에 숨겨진 진짜 가치는 따로 있다. 그것은 남 탓을 하지 않는 마음이다.

스마트폰을 보는 아이를 탓하지 않고, 나이 들어 귀가 어두워진 어르신을 탓하지 않고, 야근에 지쳐 시야가 흐려진 운전자를 탓하지 않는 마음. 대신 그들이 실수하지 않도록 조용히 불을 밝히고, 바닥에 색을 입히고, 목소리를 들려주는 배려다.

성동구의 건널목 앞에서는 누구나 평등하게 안전하다.
아이들은 고개를 숙여도 신호를 볼 수 있고, 어르신은 안심하고 건널 수 있으며, 운전자는 실수를 줄일 수 있다. 기술이 단순히 편리함을 위한 도구가 아니라, 사람을 지키는 따뜻한 보호막이 될 수 있음을, 정원오는 길 위에서 증명했다. 아무도 시키지 않았지만, 누구도 탓하지 않으면서. 그저 묵묵히.

6*
땅속을 읽는 문자 한 통

'최근 5년간 성동구 내 도로 함몰 사고 발생 건수 0건.'

성동구가 내놓은 이 성적표는 단순한 숫자가 아니다. 2024년 여름, 서울 서대문구 연희동 대로변에서 갑작스러운 땅 꺼짐 사고로 승용차가 통째로 빠지는 충격적인 일이 벌어졌을 때, 성동구민들만큼은 안도의 한숨을 쉴 수 있었던 이유다.

이 기적 같은 숫자 '0'은 화려한 기술이나 엄청난 예산 덕분만이 아니었다. 9년 전으로 돌아가 보자. 2016년 9월 23일 늦은 밤, 한 주민이 보낸 걱정 어린 문자 한 통. 그 문자를 허투루 넘기지 않은 정원오의 진심, 그리고 막연한 불안을 끝까지 파고들어 시스템으로 해결해 낸 끈기가 빚어낸 결과였다.

그날 밤, 정원오의 휴대전화가 책상 위에서 짧게 진동했다. 하루에도 수십 통씩 쏟아지는 주민들의 문자 중 하나였다. 그가 2014년 구청장으로 취임하자마자 자신의 개인 번호를 공개한 이후, 그의 전화기는 24시간 켜져 있는 성동구의 신문고가 되었다. 보통은 가로등이 꺼졌다거나 취객이 소란을 피운다는 생활 민원이 대부분이다.

하지만 그날 밤 도착한 문자는 결이 조금 달랐다. 한 주민이 보낸 긴 문장 속에는 설명하기 힘든 불안과 두려움이 짙게 배어 있었다.

'구청장님, 밤늦게 죄송합니다. 다름이 아니라 우리 동네 이면 도로가 좀 이상해서요. 겉보기엔 멀쩡한데 차가 지나갈 때마다 덜컹거리는 느낌이 납니다. 바닥이 꽉 차 있는 게 아니라, 텅 비어 있는 북소리처럼 울린다고 해야 할까요. 뉴스에서 보던 싱크홀 같은 게 우리 동네에도 생긴 건 아닐지 너무 불안하네요. 사고가 나기 전에 미리 예방할 방법은 없을까요?'

보통의 관료적인 행정이었다면 어땠을까. 아마 매뉴얼대로 처리했을 것이다. '현장 확인 후 조치하겠습니다'라는 기계적인 답장을 보내고, 다음 날 담당 직원이 나가서 아스팔트 표면을 쓱 훑어보게 했을 것이다. 맨눈으로 갈라진 틈이 보이지 않으면, '현장

점검 결과 특이 사항 없습니다'라고 보고하고 종결 처리했을 가능성이 높다. 실제로 겉으로 보기엔 아무런 문제가 없었으니까.

하지만 정원오는 그 문자를 그냥 넘기지 않았다. 그는 이 문자에서 단순한 민원이 아니라, 그곳에 사는 사람만이 느낄 수 있는 육감, 즉 '생존의 본능'을 읽었다. 매일 그 길을 걷고 운전하는 주민의 감각은 공무원의 눈보다 예민하다. 그는 그 감각을 믿기로 했다.

다음 날 아침, 그는 즉시 도로과 직원들과 전문 기술진을 대동하고 현장으로 달려갔다. 주민의 말대로 겉보기엔 정말 작은 균열일 뿐이었다. 주먹 하나 겨우 들어갈까 말까 한 작은 구멍. 대수롭지 않게 여기고 지나칠 수도 있는 크기였다. 하지만 도로를 파 보니 상황은 완전히 달랐다.

단단해 보이던 아스팔트 껍질 바로 아래는 텅 비어 있었다. 흙이 쓸려 내려가 생긴 거대한 빈 공간. 자칫하면 지나가던 트럭의 바퀴가 통째로 빠질 수도 있는, 아찔한 싱크홀 현상이었다. 그 구멍을 내려다보며 정원오는 등골이 서늘해지는 것을 느꼈다.

'만약 그 주민이 문자를 보내지 않았다면? 만약 내가 그 문자를 예민한 사람의 기우라고 무시했다면?'

상상만 해도 끔찍한 일이었다. 그는 생각했다. 눈에 보이는 구멍만 메워서는 안 된다. 지금 우리가 밟고 있는 이 땅속을 들여다봐야 한다. 사고가 터진 뒤에 수습하는 건 행정이 아니다. 터지기 전에 찾아내서 막는 게 진짜 행정이다.

이날의 문자 한 통이 성동구의 안전 시스템을 송두리째 바꿨다. 정원오는 단순히 도로를 땜질하는 수준을 넘어, 아예 성동구의 땅 밑 지도를 새로 그리기로 결심했다.
그는 곧바로 '도로 하부 공동 탐사'를 지시했다.

땅속에 빈 공간이 있는지 찾아내기 위해 최첨단 장비를 도입했다. 병원에서 엑스레이나 초음파로 우리 몸속을 들여다보듯, '지표 투과 레이더'$_{GPR}$라는 특수 장비를 실은 차량이 성동구의 골목골목을 누비기 시작했다. 이 차량이 지나가면 땅속의 상태가 전파를 통해 모니터 화면에 흑백의 단면도로 나타난다.

여기서 멈추지 않았다. 그는 한발 더 나아가 '스마트 지하공간 안전관리 시스템'을 구축했다. 전국 최초로 상수도 맨홀 안에 사물인터넷$_{IoT}$ 센서를 달았다. 땅속 수도관이 낡아서 물이 새거나, 지하수가 흘러 흙이 쓸려 내려가면 지반이 미세하게 흔들리거나 수위가 변한다. 맨홀 속 센서는 그 아주 작은 변화까지 감지해 구청 상황실의 모니터로 실시간 전송한다. 땅이 무너질 조짐을 기계가

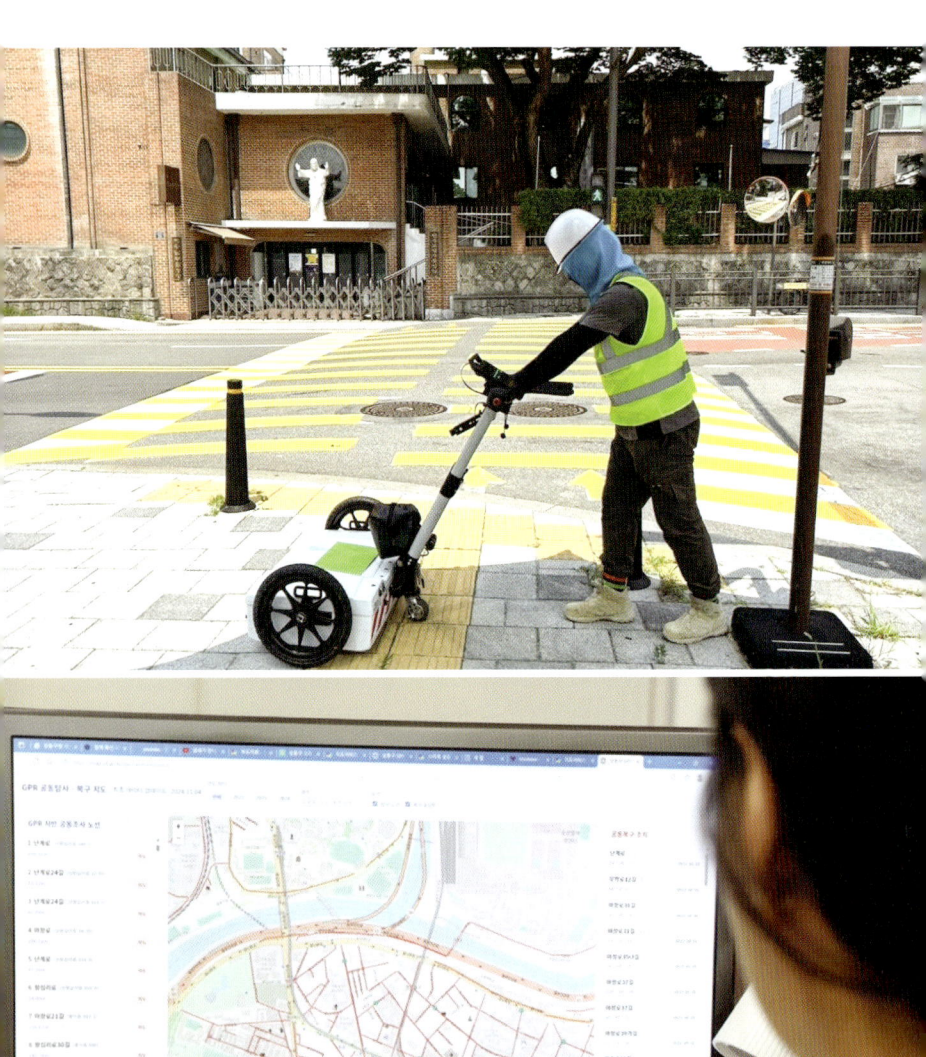

먼저 듣고 사람에게 "여기가 위험해요!"라고 알려주는 셈이다.

드러난 땅속의 민낯은 등골을 서늘하게 했다. 그동안 아무 일 없는 듯 평온해 보이던 성동구의 도로 밑에서 무려 90개가 넘는 빈 구멍들이 발견됐다. 주민들이 매일 아이 손을 잡고 걷던 길, 출근하던 버스가 지나던 길, 유모차가 다니던 길 아래가 사실은 언제 무너질지 모르는 시한폭탄이었던 것이다.

구청은 이 구멍들을 발견하는 즉시 흙을 채우고 단단하게 다졌다. 지난 2018년부터 2022년까지 정밀 탐사한 도로의 길이만 275km에 달한다. 서울에서 부산까지 거리의 절반이 넘는 길을 샅샅이 훑으며 땅속의 빈 공간을 찾아내 메웠다. 보이지 않는 공포를 보이는 안전으로 바꾼 지난한 과정이었다.

만약 그때 정원오가 "그냥 도로포장 다시 하세요"라고 지시하고 말았다면 성동구의 땅 밑은 여전히 불안했을 것이다. 주민들은 비가 많이 오는 날이면 발밑이 꺼질까 봐 불안해하며 걸음을 재촉해야 했을지 모른다.

하지만 이제 성동구민들은 적어도 길을 걷다 땅이 꺼질 걱정은 하지 않는다. 안전은 공기 같은 것이라 평소에는 느껴지지 않지만, 사라지면 숨을 쉴 수 없다. 정원오는 그 보이지 않는 공기를 지키기 위해 9년을 준비해 온 것이다.

창의적인 행정은 책상 앞이나, 해외의 멋진 사례집에서 나오지 않는다. 이렇게 낡은 골목에서, 주민들의 거친 손끝에서 시작된다.

'구청장님, 여기 좀 이상해요.'

이 짧은 문자 한 통이 거대한 지하 안전 시스템을 만들었다. 정원오에게 민원은 귀찮은 짐이 아니다. 도시를 더 안전하게 만드는 가장 확실한 아이디어 뱅크다. 주민은 단순히 도시에 사는 거주자가 아니라, 도시의 문제를 가장 먼저 발견해 주는 최고의 감시자이자 가장 든든한 파트너다.

오늘도 성동구의 땅 밑에서는 1,700여 개의 최첨단 센서가 잠들지 않고 불침번을 서고 있다. 그리고 그보다 더 든든한 건, 주민의 아주 작은 목소리조차 놓치지 않고 귀를 기울이는 정원오 구청장의 깨어 있는 감각이다.

2025년 12월, 첫눈이 서울을 마비시킨 밤,
그날도 성동구의 길은 열려 있었다.
새벽까지 누군가의 땀으로 닦아낸 그 길 위에서
주민들의 밤은 눈 내리는 풍경보다 고요했다.

CHAPTER 2*

서울, 그 까다롭고 매혹적인 무대

성동구의 물길 14.2km.
한때 무채색 출근길이었던 이곳은
이제 사계절 꽃이 피는 정원이 되었다.

정원오에게 꽃은 단순한 장식이 아니라,
팍팍한 일상에 숨 쉴 틈을 주는 '녹색 복지'였다.

그 마음 덕분에,
사람들은 이제 다리 밑 정원에서 소풍을 즐기며
작은 여행자가 된다.

화려한 꽃들이 사람들의 눈길을 사로잡을 때,
정원오의 시선은 어쩌면 그 뒤편,
이름 없이 피어난 작은 들꽃에 더 오래 머물지 않았을까.

7*
서울시장 선거는 왜 어려운가?

서울 사람 천만 명에게 '오늘 점심 뭐 드실래요?'라고 묻는다고 상상해 보자.

누군가는 평양냉면의 슴슴한 맛을 찾고, 누군가는 자극적인 마라탕을 원한다. 밥심으로 산다는 사람과 샐러드면 충분하다는 사람이 섞여 있다. 이 천만 가지 입맛을 하나의 메뉴로 통일하는 일, 어쩌면 서울시장이란 자리는 그것보다 더 어려운 숙제를 매일 풀어야 하는 자리일지 모른다.

어떤 정치 평론가들은 말한다. 서울시장 선거는 대통령 선거보다 어렵다고.
결코 과장이 아니다. 대선은 정권 교체라는 거대한 바람이 불면 그 바람을 타고 승부가 갈리기도 한다. 하지만 서울은 다르다. 아무리 거센 바람이 불어도, 내 집값이 요동치거나, 출근길 교통지옥이 해결되지 않거나, 미세먼지가 하늘을 뒤덮으면 가차 없이 등을 돌리는 곳이 바로 서울이다.

이 도시가 선거를 어렵게 만드는 첫 번째 이유는, 서울이 하나가 아니라는 데 있다. 서울은 서로 다른 욕망과 시계를 가진 25개의 도시가 모여 사는 연합국이다. 강남의 시계와 강북의 시계는 다르게 돌아간다. 누군가는 재건축 규제를 풀어 개발에 속도를 내 달라고 아우성치고, 누군가는 제발 임대료 좀 잡아달라고, 우리 동네는 그대로 두라고 호소한다. 한쪽에서는 지하철 노선을 더 뚫어 달라 하고, 한쪽에서는 녹지 공원을 더 늘려 달라 한다.

서울시장은 이 25갈래의 서로 다른 목소리를 하나의 화음으로 조율해야 하는, 세상에서 가장 고단한 지휘자다. 어느 한쪽 편만 들어서는 서울을 운영할 수 없다.

더 무서운 건 최근 선거의 판도를 뒤흔드는 중도층과 무당층의 존재다. 과거에는 우리 지역이니까, 혹은 내가 지지하는 당의 후보라고 묻지도 따지지도 않고 표를 주는 경우가 많았다. 하지만 지금 서울의 유권자, 특히 늘어난 중도층은 다르다. 이들은 정치권에서 가장 똑똑하고 냉정한 소비자다.

이들은 브랜드정당만 보고 물건을 사지 않는다. 꼼꼼하게 성분표정책를 따지고, 사용 후기실적를 검색한다. 정치색이 없는 게 아니다. 정치색보다 내 삶의 이익을 더 중요하게 여길 뿐이다. 그들은 세금은 아끼고 싶지만, 복지는 늘려 달라 하고, 개발은 원하지만 환경은 지켜 달라 한다.

모순처럼 보이지만, 이것이 바로 서울 시민의 솔직한 욕망이다. 이 까다로운 요구를 만족시키지 못하면, 그들은 언제든 지지를 철회할 준비가 되어 있다. 실제로 역대 서울시장 선거를 보면, 압도적 지지를 받던 후보가 한순간의 말실수나 태도 논란으로 미끄러지는 일을 우리는 수없이 목격했다.

서울은 새로움을 좋아하지만, 동시에 낯가림도 심한 도시다. 신선한 변화는 반기지만, 그 변화가 내 삶을 위태롭게 하는 건 원치 않는다. 그래서 사람들은 묻는다.

당신은 대통령이 되기 위해 서울을 잠시 빌려 쓰는 것인가, 아니면 진짜로 서울을 사랑해서 남으려는 것인가.

과거 서울시장에 도전했던 수많은 거물 정치인이 이 질문 앞에서 무너졌다. 화려한 정치 경력이나 중앙 무대의 명성은 서울이라는 현미경 앞에서는 통하지 않았다. 말솜씨로 순간의 위기를 넘길 수는 있어도, 365일 24시간 터져 나오는 도시의 문제를 말로만 해결할 수는 없기 때문이다.

그래서 서울시장 선거는 진보와 보수의 대결이 아니다. 누가 더 이 복잡하고 예민한 도시를 감당할 그릇이 되느냐의 싸움이다. 정치인이면서 행정가여야 하고, 치열한 승부사이면서 동시에 부드러운 중재자여야 하는, 모순적인 능력을 동시에 갖춰야 하는 자리다.

서울은 어설픈 초심자가 연습할 수 있는 무대가 아니다. 1천만 개의 삶, 1천만 개의 욕망이 쉬지 않고 끓어오르는 용광로다. 그 뜨거움을 견디고, 불순물을 걸러내고, 결국엔 단단한 쇠를 만들어 낼 수 있는 사람만이 살아남는다.

결국 서울의 선택을 받는다는 건, 세상에서 가장 까다로운 면접관 앞에 서는 일과 같다. 달달 외운 모범 답안이나 화려하게 포장된 경력으로는 통하지 않는다. 오직 몸으로 증명해 낸 실력과 거짓 없는 태도만이 그 깐깐한 눈높이를 맞출 수 있다.

지금 서울은 묻고 있다.

"이봐, 당신. 나를 감당할 자신은 있고?"

8* 서울의 선택은 대한민국의 내일

다가오는 2026년 서울시장 선거는 단순한 지방선거가 아니다.

이 선거는 서울이라는 거대한 도시의 리더를 뽑는 과정이면서, 동시에 대한민국의 다음 10년, 나아가 우리 사회가 나아갈 미래의 좌표를 결정짓는 중대한 선택이다. 특히 이재명 정부 출범 1년 만에 치러지는 이번 선거는 지난 3년간 뒤틀리고 후퇴했던 국정의 균형을 바로잡고, 새로운 도약을 이끌 동력을 확보해야 하는 결정적인 분기점이다.

서울은 명실상부한 대한민국의 심장이자, 세계가 주목하는 제1의 국제도시다. 서울에서 만들어지는 담론은 곧 국가적 의제가 되고, 서울에서 형성되는 정책 방향은 곧 대한민국의 미래 모델이 된다.

주거와 부동산, 꽉 막힌 교통, 교육과 돌봄, 피할 수 없는 고령화 대응, 기후 위기와 에너지 정책, 그리고 AI와 디지털 전환까지. 서울은 국가의 핵심 과제를 가장 먼저, 그리고 가장 직접적으로 경험하는 치열한 현장이다. 그렇기에 서울의 성공은 곧 대한민국의 성공이고, 서울의 실패는 곧 대한민국의 위기다.

하지만 이러한 상징성과 중요성에도 불구하고, 이번 선거는 결코 민주당에게 유리하지만은 않다. 이재명 정부의 높은 국정 수행 지지도가 든든한 뒷배가 될 수는 있지만, 서울 시민을 둘러싼 현실은 여전히 녹록지 않다.

서울의 속살을 들여다보면 상처가 깊다. 희망을 찾지 못한 청장년층은 짐을 싸서 수도권 밖으로 떠나고 있고, 도시는 초고령 사회로 급하게 진입하고 있다. 여전히 해결되지 않은 주거와 교통 문제는 시민들의 어깨를 짓누른다. 게다가 가치관이 급변하는 2030세대의 표심은 어디로 튈지 모르는 럭비공 같다. 이 모든 복합적인 요소들이 선거의 앞날을 안개 속으로 밀어 넣고 있다.

국민의힘 역시 만만한 상황이 아니다. 그들은 지금 벼랑 끝에 서 있다. 최근의 '윤 어게인' 전략은 오히려 정당의 정체성과 존재 가치 자체를 의심받게 했다. 이번 서울시장 선거는 그들에게 단순한 선거가 아니라, 정치 세력으로서 살아남을 수 있느냐를 증명

해야 하는 생존의 시험대다. 죽기 살기로 덤벼들 것이 분명하다.

결국 승패를 가르는 것은 바람이 아니라 시대정신이다.
지금 서울은 무엇을 원하고 있는가. 시민들은 삶의 질을 높여 주는 구체적인 변화, 낡은 관습을 깨는 일상의 혁신, 지속 가능한 미래로의 전환, 그리고 혐오와 차별을 넘어선 따뜻한 사회를 갈망하고 있다. 이 시대정신을 읽지 못한 후보는 결코 시민의 선택을 받을 수 없다.

2026년 서울시장 선거는 단순히 한 자리를 두고 경쟁하는 싸움이 아니다. 서울의 미래, 서울 시민의 삶, 그리고 진짜 새로운 대한민국을 함께 결정하는 역사적인 선택이다.

이 거대한 흐름 앞에서 우리는 다시 한 번 마음을 다잡아야 한다. 서울의 선택은 곧 대한민국의 미래가 될 것이기에.

9*
중도는 회색이 아니다

"이쪽이야, 저쪽이야?"

살다 보면 이런 강요를 받을 때가 있다. 선거철이 되면 더 그렇다. 진보냐 보수냐, 기호 1번이냐 2번이냐. 세상은 마치 두 가지 색깔밖에 없는 것처럼 우리를 몰아세운다.

그래서 사람들은 흔히 중도를 오해한다. 결정을 못 내리고 우물쭈물하는 사람들, 혹은 정치에 아예 관심이 없는 무심한 사람들. 심하게는 이쪽저쪽 간만 보는 회색분자라고 깎아내리기도 한다. 하지만 그건 큰 착각이다. 사실, 현장에서 만난 중도는 가장 똑똑하고 무서운 면접관들이다.

한때 정치 1번지라 불리던 종로를 보자. 선거 때마다 이름만 대면 알 만한 거물들이 몰려와 가장 큰 현수막을 걸었다. 하지만 그들에게 종로는 잠시 머물다 더 높은 곳으로 가기 위한 정거장에 불과했다. 거창한 정치 구호가 난무하는 사이, 정작 동네는 낡아갔고 주민들의 삶은 팍팍해졌다.

그때 종로 사람들은 깨달았다. 유명한 사람이 온다고 내 삶이 나아지는 건 아니구나. 깃발만 보고 무조건 찍어주는 '묻지마 투표'가 결국 내 발등을 찍는구나.

이 깨달음이 바로 중도의 마음이다. 그들은 더 이상 이념의 깃발을 보고 따라가지 않는다. 우리 편이니까 무조건 찍어주는 맹목적인 사랑 따위는 없다. 대신 그들은 아주 냉정하게 묻는다.
"그래서, 당신이 내 삶에 무슨 보탬이 되는데?"

서울시장 선거에서 중도가 중요한 이유는 명확하다. 양쪽 진영의 고정 지지층은 이미 콘크리트처럼 굳어 있다. 결국 승패를 가르는 건, 어느 쪽에도 빚진 것 없이 오직 실력만 보고 판단하는 이 25~35%의 시민들이다. 이들은 정치가 오만해지면 가차 없이 회초리를 들고, 겸손하게 일하면 조용히 곁을 내준다. 서울의 선거는 결국 이들이 결정한다.

중도는 침묵하지 않는다. 생활의 우선순위를 묻는 가장 적극적인 심판관이다. 그들이 진정 원하는 건 상식이 통하는 사회다. 양 극단이 서로를 향해 삿대질하며 싸우기보다, 머리를 맞대고 협력하는 모습이다. 자고 일어났더니 전세금이 두 배로 뛰는 벼락같은 일이 없기를, 동네를 개발한다고 굴착기가 들어와도 내가 쫓겨나지 않기를 바라는 마음이다.

무조건 싹 다 갈아엎는 게 능사가 아니다. 고칠 건 고치고 지킬 건 지키는 신중함. 이것이 서울의 중도가 원하는 답이다.

그래서 정원오는 이 기준에 묘하게 잘 어울리는 사람이다.
그를 오래 지켜본 친구들은 그를 품이 넓은 사람이라고 말한다. 대학 시절 총학생회 선거를 앞두고 노선이 다른 후보에게 회장 자리를 양보하고, 본인은 부총학생회장을 맡으며 통합 후보로 출마했던 일화는 유명하다.

학생운동의 선봉에 섰을 때도 그는 자기주장만 내세우지 않았다. 생각이 다른 친구들, 운동권과 비운동권을 모두 한자리에 불러 모아 이야기를 듣고 하나로 묶어냈다. 앞장서서 싸우되, 뒤처지는 사람 없이 모두를 데리고 가는 리더십이 그때부터 몸에 배어 있었다.

지금 성동구에서도 마찬가지다. 갈등이 생기면 내 편을 모아 목소리를 높이는 대신, 반대편 사람들을 찾아가 끝까지 설명하고 웃으면서 매듭을 푼다. 그래서 정치 인생 전체를 통틀어도 적이라 부를 만한 사람이 별로 없다. 싸우지 않고 일하는 리더십이다.

중도는 공정에 예민하다. 내 편에게만 열린 지름길이 아니라, 누구에게나 똑같이 적용되는 규칙을 원한다. 특정 지역에만 쏟아붓는 예산이 아니라, 강남이든 강북이든 똑같이 누릴 수 있는 생활의 품격을 원한다.

그들은 말이 아니라 눈에 보이는 질서를 믿는다. 힘 있는 사람의 부정한 청탁은 거절당하고 힘없는 사람의 억울한 민원은 해결되는 공정함. 편법이나 요행이 통하지 않고, 원칙대로 하면 손해 보지 않는다는 믿음 말이다.

결국 중도를 잡는다는 건, 기술이나 전략의 문제가 아니다. 태도의 문제다. 이념의 안경을 벗고, 시민의 밥상머리를 있는 그대로 바라봐 주는 태도. 내 주장을 앞세우기 전에, 당신의 하루가 어땠는지 먼저 물어봐 주는 다정함.

서울시장 선거의 승패는 바로 그 지점에서 갈릴 것이다.
중도는 회색이 아니다. 그들은 자기 생각을 소란스럽게 드러내지 않지만, 그래서 겉으로는 조용해 보이지만, 속으로는 자신의 선택을 표로 말하는 가장 선명한 색이다.

CHAPTER 2. 서울, 그 까다롭고 매혹적인 무대

10*
서울이 원하는 시장

요즘 젊은 친구들을 보면 마음이 무거울 때가 많다.

예전에는 그랬다. 아이가 자라 성년이 되면 사랑하는 사람을 만나 연애하고, 때가 되면 결혼하고, 아이를 낳아 기르는 것이 물 흐르듯 자연스러운 일이었다. 특별한 자격이 필요한 게 아니라, 누구나 삶의 통과의례로서 겪는 평범한 일생이었다.

하지만 지금은 어떤가. 연애도 결혼도 사치가 되어버렸다. 완벽한 스펙, 튼튼한 직장, 억 소리 나는 연봉, 그리고 부모님의 노후 준비까지. 이 모든 조건이 갖춰지지 않으면 사랑조차 시작하기 겁나는 세상이 되었다. 인스타그램 속 몇몇 인플루언서들에게나 가능한 판타지처럼 느껴지기도 한다.

서울은 화려하지만, 그 안을 채우는 사람들의 마음은 이토록 가난해졌다. 선거철만 되면 저마다 서울을 살기 좋은 곳으로 바꾸겠다며 화려한 구호들을 쏟아냈다. 하지만 선거가 끝나면 삶은 여전히 제자리였다. 빌딩은 높아지는데 내 방은 좁아지고, 도시는 넓어지는데, 내 마음 둘 곳은 없다. 시민들이 정치를 믿지 않게 된 건 무관심해서가 아니다. 너무 많이 기대하고, 딱 그만큼 실망했기 때문이다.

서울 시민들의 이 냉정한 실망감은 숫자로도 증명된다. 1995년, 시민이 직접 시장을 뽑기 시작한 이후 서울시장 선거는 모두 열 번 치러졌다. 결과는 진보 다섯 번, 보수 다섯 번. 겉으로 보면 기막힌 균형이다. 하지만 그 팽팽한 줄다리기 속을 들여다보면, 서울이 얼마나 까다롭고 무서운 도시인지 알 수 있다.

진보가 이긴 해를 보자. 조순, 고건, 그리고 박원순. 이들의 공통점은 무엇일까. 여의도에서 굵직한 정치를 했던 경력보다는, 현장에서 직접 부딪히며 쌓은 단단한 실무 감각이 앞섰던 사람들이다. 경제를 알거나, 행정을 알거나, 시민사회에서 바닥을 훑어본 사람들. 진보가 서울에서 이겼던 순간, 시민들은 유명한 정치인이 아니라 구체적인 일머리를 가진 일꾼을 선택했다.

보수의 승리도 마찬가지다. 이명박, 오세훈으로 이어지는 흐름은 강력한 추진력과 일을 되게 만드는 능력을 보여주었을 때 시민들의 선택을 받았다.

여기서 꼭 짚어야 할 점이 있다. 오세훈 시장이 4선이나 한 것은 그가 일을 잘했기 때문이 아니다. 진보 진영이 서울 시민의 까다로운 눈높이에 맞는 대안을 내놓지 못한 책임도 크다. 서울은 특정 진영에 오래 머무르지 않는 도시다. 한쪽이 마음에 들지 않으면, 다른 쪽이 조금이라도 더 나아 보이는 순간 가차 없이 방향을 튼다.

이 말은 곧 서울이 진보에게만 어려운 곳이 아니라, 보수에게도 언제든 낭떠러지가 될 수 있는 곳이라는 뜻이다. 서울은 양쪽 모두에게 엄격한 시험장이다. 한 번의 실수는 넘어가 줄지 몰라도, 준비 부족과 오만함은 금방 표에서 드러난다.

서울은 거대한 담론보다는 내 피부에 닿는 온도를 믿는다. 그래서 지금 서울은 기다리고 있다. 내 걱정과 불안을 조금이라도 덜어주고, 희망이 보이는 내일을 만들어 줄 사람을.

시민들이 바라는 건 거창한 게 아니다.
근사한 디자인의 랜드마크가 들어서는 것보다, 언제 올려 달라고 할지 모를 전월세값 걱정 없이 다리를 뻗고 자는 것. 대박은 아니더라도 그저 먹고 살 만큼만이라도 장사가 되는 것. 돈 걱정, 집 걱정, 직장 걱정에 짓눌리지 않고 편안하게 사랑하는 사람과 연애도 하고 결혼도 꿈꿀 수 있는 것.
그 지극히 평범하고 당연한 행복을 누릴 수 있게 해 줄 사람을 원한다.

물론 단순히 일 잘하는 행정가만으로는 부족하다. 서울시장은 동네 반장이 아니기 때문이다. 행정이 부지런한 손발이라면, 정치는 우리가 나아가야 할 곳을 가리키는 나침반이다. 손발만 바쁘고 방향이 없으면 노력은 제자리걸음이 되고, 방향만 그럴싸하고 손발이 느리면 약속은 공허한 메아리가 된다.

지금 서울에 필요한 리더십은 이 두 가지를 하나로 묶어내는 능력이다. 회의실의 차가운 언어가 골목의 따뜻한 변화로 이어지게 하고, 골목에서 일어난 작은 기적을 다시 서울 전체의 정책으로 끌어올릴 수 있는 사람. 첨예하게 엇갈린 이해관계를 조정해 공존이라는 하나의 방향으로 이끌고 가는 단단한 정치력. 그것이 지금 서울이 간절히 원하는 자격이다.

서울 시민은 참 까다롭다. 쉽게 곁을 주지 않는다. 화려한 이벤트나 감언이설로는 그 굳게 닫힌 마음을 열 수 없다. 진영 논리나 거창한 이념이 아니라, 철저히 내 삶을 기준으로 판단하기 때문이다. 하지만 일단 마음을 열면, 누구보다 든든한 지지자가 되어준다. 그 믿음은 하루아침에 생기지 않는다.

집 앞에 꽃나무가 하나 더 심어지고, 적막하던 놀이터에서 아이들의 웃음소리가 다시 들려오고, 지옥 같은 출퇴근길에서 조금이라도 숨통이 트이고, 걷기 무섭던 밤거리가 환해지는 날들. 그 사소해 보이는 편안함이 차곡차곡 쌓일 때, 시민들은 비로소 마음 속 빗장을 푼다.

'아, 이 사람이라면 믿어도 되겠구나.'

상처받은 도시의 속살을 어루만질 줄 아는 섬세함, 그리고 복잡하게 얽힌 매듭을 단칼에 베는 것이 아니라 끈기 있게 풀어내는 지혜를 가진 사람. 서울은 지금, 그런 사람을 찾고 있다. 화려한 무대 위에서 높은 곳만 쳐다보는 사람이 아니라, 팍팍한 서울의 삶 한 귀퉁이에서 늦은 밤 일을 마치고 돌아가는 사람의 처진 어깨를 조용히 토닥여 줄 수 있는 그런 사람을.

CHAPTER 3*
경쟁자이자 파트너

이미 링 위에 오른 쟁쟁한 이름들-
이제부터 그 면면을 조심스레 들여다보려 한다.

누군가를 깎아내리기 위해서가 아니라
시민의 삶을 지킬
가장 든든한 방패를 찾아내기 위해.

중요한 건,
누가 후보가 되느냐가 아니라
누가 되든 그와 하나가 되어야 한다는 것.

11*
박주민

박주민이라는 이름은 언제나 뜨겁다.

그는 더불어민주당에서 '개혁'이라는 단어를 가장 선명하게 짊어지고 있는 사람이다. 2007년 민주노동당에서 정치를 시작했던 그는 국회에 들어오기 전부터 '거리의 변호사'로 불렸다. 억울한 사람들이 있는 곳, 눈물 흘리는 세월호 유가족들 곁에는 늘 그가 있었다. 헝클어진 머리에 커다란 배낭을 메고 현장을 누비던 모습은 사람들의 뇌리에 깊이 박혔다. 그 진심이 통했는지 민주당에 들어와 서울 은평갑에서 내리 세 번이나 선택을 받았다.

국회의원으로서 그가 보여준 시간은 치열했다. 그는 검찰 개혁이라는 거대한 바위와 맞서 싸웠다. 법사위 간사로 일하며 고위공직자범죄수사처 같은 굵직한 결과를 만들어냈다. 그때 보여준 끈기와 협상력은 지금의 박주민을 만든 단단한 뼈대다. 당의 최고위원으로 일하며 정치가 가야 할 방향을 고민하고 설계했던 경험 또한 그의 무기다.

그의 가장 큰 힘은 '진짜'라는 것이다. 많은 정치인이 말로만 개혁을 외칠 때, 그는 몸으로 보여줬다. 용산의 아픔부터 서초동의 촛불까지, 그는 늘 가장 뜨거운 곳에 서 있었다. 그런 한결같은 모습은 2030세대와 40대 당원들에게 깊은 신뢰를 심어주었다. 온라인에서 격의 없이 소통하고, 지지자들을 하나로 모으는 능력은 누구도 따라오기 힘든 그만의 재주다. 그래서 지금 민주당의 서울시장 후보를 꼽을 때, 그의 이름은 늘 앞줄에 있다.

또 하나의 힘은 '약자의 편'이라는 따뜻한 서사다. 변호사 시절부터 의원이 된 지금까지, 그의 삶은 줄곧 낮은 곳을 향해 있었다. '거리의 변호사'에서 시작해 '따뜻한 변호사'로 불리기까지, 그가 쌓아온 시간은 꾸며낸 이미지가 아니다. 국회에서도 그는 늘 서민의 삶을 지키는 법을 만드는 데 주력했다. 이런 모습은 서울 시민들, 특히 변화를 원하는 젊은 층에게 '이 사람이라면 다르지 않을까?' 하는 기대를 품게 만든다.

하지만 그에게는 분명한 숙제가 있다.

첫째, 너무 선명한 색깔이다. 그에게 붙은 '개혁의 전사'라는 별명은 지지층에게는 훈장이지만, 중도층에게는 부담스러운 벽이 될 수 있다. 본선은 우리 편만 데리고 치르는 싸움이 아니다. 생각이 다른 사람들까지 품어야 이길 수 있는 싸움이다. 과연 그가 싸움닭의 갑옷을 벗고, 모두를 아우르는 유연한 옷으로 갈아입을 수 있을까. 이 물음표를 지우지 못하면, 본선에서의 승리는 장담하기 어렵다.

둘째, 행정가로서의 증명이 부족하다. 오세훈, 박원순 같은 전임 시장들과 비교하면 이 점은 더 두드러진다. 서울시장은 법을 만드는 자리와는 다르다. 50조 원이 넘는 예산, 5만 명에 달하는 공무원, 그리고 1천만 시민의 복잡한 삶을 조율해야 하는 자리다. 말보다는 숫자로, 주장보다는 결과로 증명해야 하는 종합 행정의 최전선이다.

그는 몇 차례 서울시장 도전을 고민했지만, 아직 '준비된 시장'이라는 확신을 주지는 못했다. 여전히 '참신한 실험 카드' 정도로 여겨지는 이유다.

서울은 지금 새로운 리더를 찾고 있다. 하지만 그 자리는 개인의 선의나 상징성만으로 감당할 수 있는 곳이 아니다. 진영을 넘어서는 실력, 상징을 넘어서는 확장성, 그리고 무엇보다 확실하게 이길 수 있는 힘이 필요하다. 그런 의미에서 박주민은 아직 증명해야 할 것이 남았다. 민생을 살리고, 서울을 세계적인 도시로 키우고, 갈등을 봉합해 안정적으로 이끌어갈 리더의 모습.

그는 거리에서 시작해 국회까지 왔다. 이제 그가 가야 할 다음 길은, 광장에서 외치던 투사의 언어를 골목을 챙기는 섬세한 살림의 언어로 바꾸는 일일 것이다.

기회는 찾아오는 것이 아니라, 스스로 만들어내는 것이니까.

12*
서영교

국회에서 서영교를 부르는 이름은 화려하다.

누군가는 스타 플레이어라고 하고, 누군가는 입법 해결사라고 치켜세운다. 억울하게 죽은 아이를 위해 살인죄 공소시효를 없앤 태완이법, 자식을 버린 부모가 유산을 챙기지 못하게 막은 구하라법. 그녀의 손을 거친 법안들은 답답했던 사람들의 속을 뻥 뚫어 주었다.

지지자들이 그녀를 서이다_{서영교+사이다}라고 부르는 데는 다 이유가 있다.

그녀의 힘은 여의도의 푹신한 소파가 아니라, 중랑구의 시끌벅적한 시장통에서 나왔다. 학생운동을 하던 시절부터 그녀는 늘 현장에 있었다. 시장 상인들의 거친 손을 잡고, 아이 키우는 엄마들의 하소연을 들으며 단단해졌다.

어떤 문제든 물면 놓지 않는 그 집요함이 지금의 서영교를 만들었다. 윤석열 정권의 내란 사태 이후, 법제사법위원으로서의 활약은 그녀가 왜 민주당의 공격수인지 증명했다.

하지만 그녀의 가장 큰 무기인 선명함은 서울시장 선거에서는 오히려 무거운 갑옷이 될 수도 있다. 국회에서는 상대를 꺾고 이기는 게 미덕일지 몰라도, 시청은 다르다. 싸움닭의 투지로는 내 편을 환호하게 할 수는 있어도, 반대편에 선 시민들의 마음까지 얻기는 어렵다.

선명한 이미지는 지지층을 결집하는 데는 효과적이지만, 서울시장으로서 갖추어야 할 필수적인 통합과 조정의 리더십을 보여주기엔 한계가 있다. 너무 강한 색깔은 때로 확장을 가로막는 벽이 된다. 본선 경쟁력이 의심받을 수밖에 없는 이유다.

행정 경험이 없다는 점도 뼈아프다.
법을 만드는 일이 잘못된 것을 바로잡고 억울함을 푸는 일이라면, 도시를 운영하는 건 수천만 가지의 서로 다른 욕망을 조율해 새로운 길을 내는 일이다. 서영교는 부당한 권력에 맞서 싸우는 데는 탁월했지만, 도시 정책을 체계적으로 설계하거나 주거, 교통, 기후, 에너지 문제를 통합적으로 운영해 본 경험은 없다.

서울은 인구 1천만 명이 북적이는 글로벌 메가시티다. 억울한 사람을 돕겠다는 뜨거운 감성만으로는 복잡하게 얽힌 서울의 난제들을 풀기 어렵다. 서울을 새롭게 디자인할 섬세하고 치밀한 감각, 그리고 거대한 도시 계획의 수레바퀴를 안정적으로 굴러가게 할 뚝심. 이것은 투사의 근육과는 전혀 다른 능력을 요구한다.

그리고 무시할 수 없는 기억 하나가 있다. 오래전 가족 채용 문제로 겪었던 홍역이다. 법적으로는 지나간 일이라 해도, 유권자들의 기억에서까지 완전히 지워진 건 아니다. 특히 공정이라는 가치에 목숨을 거는 2030세대에게, 이 문제는 언제든 다시 타오를 수 있는 불씨다.

관행이었다는 해명은 통하지 않는다. 본선이라는 거친 검증의 무대에서 이 작은 얼룩은 생각보다 크게 보일 수 있다.

서영교가 가진 시원시원한 돌파력은 분명 민주당의 소중한 자산이다. 하지만 서울시장은 당의 목소리를 대변하는 스피커가 아니라, 천만 시민의 불협화음을 조율하는 지휘자여야 한다.

강한 것이 꼭 이기는 것은 아니다. 때로는 부드러움이 강함을 이긴다. 서울은 지금 투사보다는, 내 삶을 섬세하게 챙겨줄 다정한 살림꾼을 원하고 있는 건 아닐까.

13*
전현희

전현희라는 사람을 떠올리면 가장 먼저 생각나는 단어는 '단단함'이다.

윤석열 정부 초기, 국민권익위원회 위원장이던 그녀에게 모두가 자리를 내놓으라고 압박했다. 감사원이 먼지 털 듯 전방위 감사를 벌이고, 여당이 사퇴를 종용할 때, 보통의 사람이라면 못 이기고 물러났을 것이다. 하지만 그녀는 버텼다. 아니, 치열하게 싸웠다.

"법이 정한 임기는 지켜져야 합니다. 그게 원칙입니다."

매일 아침 출근길, 쏟아지는 카메라 플래시 앞에서도 그녀의 표정은 흐트러지지 않았다. 그때 사람들은 그녀에게서 '여전사'의 얼굴을 봤다. 부당한 힘에 굴복하지 않는 그 꼿꼿함은 참으로 인상적이었다.

그녀의 단단함이 가장 빛났던 순간은 따로 있다. 바로 '강남 선거'다.
치과의사이자 변호사였던 그녀가 2008년 비례대표로 국회에 처음 들어왔을 때만 해도, 사람들은 그녀를 그저 운 좋은 엘리트 정치인 정도로 생각했다. 하지만 그녀의 진가는 2016년 총선에서 드러났다.

그녀는 민주당 입장에서는 '험지'를 넘어 '사지'나 다름없는 강남을에 도전장을 내밀었다. 주변의 반응은 냉담했다. "달걀로 바위 치기다", "어차피 떨어질 거 왜 힘을 빼냐?"라는 비웃음이 쏟아졌다. 강남은 보수정당 깃발만 꽂으면 당선된다는 철옹성이었으니까.

하지만 그녀는 포기하지 않았다. 화려한 유세차 대신 운동화를 신고 골목을 누볐다. 출근하는 직장인, 시장 상인, 유모차를 끄는 엄마들의 손을 잡고 허리를 굽혔다. 뿌리치면 또 도전하고, 외면하면 한 번 더 다가갔다.

그 진심이 통했을까. 선거 당일, 기적 같은 일이 벌어졌다. 무려 24년 동안 굳게 닫혀 있던 강남의 문이 열린 것이다. 민주당 간판을 달고 강남에서 당선된 최초의 여성 의원. 그것은 단순한 승리가 아니라, 진심이 견고한 편견의 벽을 깰 수 있다는 것을 증명한 한 편의 드라마였다.

그때의 기적을 기억하는 사람들은 지금 성동구의 국회의원으로 돌아온 그녀에게서 다시 한 번 그때의 감동을 기대한다. 계파에 줄 서지 않고 홀로 서서 최고위원까지 오른 뚝심, 약자의 편에 서서 치열하게 싸워온 이력은 분명 훌륭한 자산이다.

하지만 냉정하게 묻지 않을 수 없다. 그 단단한 원칙과 투지면, 서울시장이라는 자리도 감당할 수 있을까? 서울은 매일 수백 개의 욕망이 부딪치고 깨지는 곳이다. 재개발을 해달라는 사람과 쫓겨나지 않게 해달라는 사람이 싸우고, 지하철을 놔달라는 사람과 버스 노선을 늘려달라는 사람이 맞선다. 이곳에서 필요한 건 '누구도 예외는 없다'라는 차가운 원칙보다는, 서로 다른 입장을 섞어 완벽한 맛을 내는 '유연한 요리사'의 능력이다.

전현희에게는 아직 이 '행정의 맛'을 낸 경험이 부족하다.
나쁜 것을 막아내는 투사의 근육은 단단하지만, 없는 것을 만들어내고 복잡한 이해관계를 조율하는 행정가의 근육은 아직 검증되지 않았다. 원칙으로 싸울 수는 있어도, 원칙만으로 1천만 시민을 먹여 살릴 수는 없는 노릇이다.

무엇보다 그녀를 보면 아직 '전현희가 바꾸는 서울'이 어떤 모습인지 그려지지 않는다. 이명박의 청계천, 오세훈의 디자인 서울, 박원순의 마을 만들기처럼, 그녀만이 보여줄 수 있는 도시의 색깔이 흐릿하다.

'좋은 정치인'인 것은 분명하지만, '준비된 행정가'인지는 물음표가 남는다.
전현희는 지성과 뚝심을 겸비한, 우리 시대에 드문 귀한 정치인이다. 타협 없는 원칙과 약자를 향한 시선은 민주당이 놓쳐서는 안 될 자랑스러운 자산이다.

하지만 선거는 냉정하다. 우리는 영화 속에서는 고독한 영웅에게 박수를 보내지만, 현실에서는 내 삶의 엉킨 실타래를 풀어줄 유능한 해결사에게 표를 던진다.

참 좋은 사람, 전현희. 그러나 좋은 사람이 선거에서 이기는 것은 아니다. 이것이 그녀가 넘어야 할, 그리고 우리가 함께 고민해야 할 뼈아픈 현실이다.

14*
박홍근

여의도에는 '가장 늦게까지 불이 꺼지지 않는 방'이라는 수식어가 따라다니는 사람들이 있다. 박홍근은 그중에서도 맨 앞줄에 서는 사람이다.

그는 요령을 피우지 않는다. 그의 뿌리는 깊고 단단하다. 80년대 학생운동의 끝자락에서 치열하게 고민했던 청년기를 거쳐, 시민사회 운동의 현장에서 잔뼈가 굵었다. 정치인으로서의 삶도 결코 평탄한 대로는 아니었다.

2012년 총선 당시, 모두가 어렵다고 했던 당내 경선에서 당시 문재인의 복심이라 불리던 양정철을 꺾고 국회에 입성했다. 그 승리는 박홍근이라는 정치인이 누군가의 후광이 아니라, 오직 자신의 실력으로 서는 사람임을 증명한 사건이었다.

이후 4선 의원이 되고 거대 야당의 원내대표를 지내면서 그는 정치적 체급을 키웠다. 특히 윤석열 정부 초기, 그 혼란스러운 정국에서 야당의 사령탑을 맡아 대여 투쟁을 이끌고 복잡한 예산안 협상을 주도한 것은 아무나 할 수 있는 일이 아니었다. 협상 테이블에서는 노련한 타자 같았고, 정책을 짤 때는 깐깐한 선생님 같았다. 여의도에서 박홍근의 이름은 곧 성실함과 유능함의 동의어로 통한다.

무엇보다 그는 국정의 설계도를 그려본 사람이다. 이재명 정부 출범 당시 국정기획위원회 국정기획분과위원장을 맡아, 향후 5년 동안 대한민국이 나아갈 100대 국정과제와 재정 계획을 직접 조율하고 완성했다. 부처 간의 복잡한 이해관계를 정리하고, 정부 조직을 어떻게 바꿀지 밑그림을 그렸다. 남들이 이미 만들어진 길 위를 달릴 때, 그는 그 길을 닦고 표지판을 세운 '총괄 설계자'였다. 연습 없이 바로 실전에 투입될 수 있는 준비된 선수인 셈이다.

하지만 선거는 능력만으로 치르는 시험이 아니다. 때로는 과거의 그림자가 현재의 발목을 잡기도 한다. 박홍근에게는 너무나 짙은 그림자가 있다.

첫 번째는 부동산이다. 그는 문재인 정부 시절 임대차 3법 통과를 주도했다. 물론 의도는 좋았다. 세입자를 보호하고 주거 안정을 돕겠다는 선의였다. 하지만 결과는 냉혹했다. 전세가는 폭등했고, 집을 가진 사람도 없는 사람도 모두가 고통 받았다. 서울 시민들에게 부동산은 단순한 경제 문제가 아니라, 내 삶을 할퀴고 지나간 트라우마다.

본선 무대에서 상대가 집값 폭등의 책임자라는 프레임을 걸어올 때, 과연 그는 자유로울 수 있을까. 억울할 수는 있겠지만, 선거는 과정을 봐주지 않는다. 결과에 대한 책임을 묻는 자리다.

두 번째는 미래를 보는 눈이다. 그가 주도했던 타다 금지법은 뼈아픈 실책으로 남았다. 택시 기사들의 생존권도 중요했지만, 그 결정은 대한민국 모빌리티 산업의 시계를 거꾸로 돌렸다는 비판을 받았다. 21세기판 붉은 깃발법이라는 오명. 서울은 지금 AI와 자율주행, 도심 항공 교통이 날아다니는 스마트 시티를 꿈꾼다. 그런데 과거의 이익을 지키기 위해 미래의 혁신을 막아섰던 그가, 과연 최첨단 도시 서울의 미래를 그릴 수 있을까. 이 질문 앞에서 고개를 끄덕일 중도층과 청년들은 많지 않다.

박홍근은 분명 민주당의 대체 불가한 자산이다. 당이 위기에 처할 때마다 등판해 혼란을 수습하고, 헝클어진 실타래를 풀어내는 능력은 타의 추종을 불허한다. 그는 훌륭한 참모이자, 믿음직한 전략가다.

하지만 서울시장은 참모가 아니라 리더를 뽑는 자리다. 묵묵히 일하는 유능한 장수도 필요하지만, 때로는 대중을 열광시키고 가슴 뛰게 만드는 스타플레이어가 필요하다. 화려함보다는 진심으로, 말보다는 서류로 승부해 온 그의 방식이 과연 서울시장이라는 거친 전장에서도 통할 수 있을까.

여의도의 거친 파도를 헤쳐온 그 듬직한 뚝심이, 과연 시민의 팍팍한 일상을 어루만지는 데도 유효할까. 국회에서는 더할 나위 없는 명검이었을지 몰라도, 서울이라는 복잡하고 예민한 숲을 가꾸기에는 조금 결이 다른 도구가 아닐까.

15*
강훈식

대한민국의 모든 시선이 쏠리는 곳, 용산.

그 화려한 무대 뒤편에는 묵묵히 대본을 쓰고 조명을 밝히는 총연출가가 있다. 이재명 정부라는 거대한 배의 항로를 설계하고, 거친 파도 앞에서도 키를 놓지 않는 사람. 대통령 비서실장 강훈식이다.

그는 이재명 정부의 밑그림을 그렸고, 지금은 대통령 비서실장이라는 무거운 명패를 달고 국정이라는 거대한 배의 키를 잡고 있다.

그런 그가 요즘 여의도 호사가들의 입에 오르내린다. 이유는 하나다. 서울시장 선거가 만만치 않기 때문이다. 4선 서울시장 오세훈이라는 거대한 벽을 넘기에, 지금 거론되는 이름들이 조금은 가벼워 보인다는 불안감 탓이다.

"강훈식 정도는 나와줘야 게임이 되지 않겠어?"

일리 있는 말이다. 그는 풋내기가 아니다. 학생운동을 거쳐 벤처 기업을 창업해 봤고, 두 번의 낙선 끝에 국회에 들어와 3선 의원이 될 때까지 산전수전을 다 겪었다. 당의 전략을 짜고, 대선 캠프의 상황을 지휘하며 판 전체를 읽는 눈을 키웠다.

그의 언어는 요란하지 않지만 단단하다. 이재명 대통령이 당 대표 시절, 의견이 갈릴 때마다 그의 말을 경청하고 결정을 내렸다는 건 이미 유명한 일화다.

정치적 감각뿐만이 아니다. 산업과 디지털, 복지와 노동을 아우르는 그의 시야는 넓고 깊다. 미래 산업을 유치하고 도시를 혁신해야 하는 서울시장 자리에, 이만큼 준비된 스펙을 가진 사람을 찾기란 쉽지 않다.

게다가 현직 대통령 비서실장이라는 직함은 강력한 무기다. 서울의 문제는 서울 혼자 풀 수 없다. 정부가 키를 쥐고 있는 철도망을 끌어오고, 부동산 대책을 조율하는 데 있어 그보다 더 확실한 핫라인은 없다.

하지만 그 강력한 힘은 고스란히 치명적인 약점이 되기도 한다. 그가 가진 '대통령의 남자'라는 타이틀은 가장 날카로운 창이자, 동시에 가장 무거운 족쇄다. 그가 서울시장 후보로 나서는 순간, 선거의 성격은 180도 바뀐다. 서울을 누가 더 잘 살릴까를 뽑는 선거가 아니라, 대통령 잘하고 있는지, 못하고 있는지를 따지는 중간 평가가 되어버린다. 이건 후보 개인에게도, 현 정권에게도 부담이다.

또 하나의 문제는 뿌리다. 그는 충남 아산에서 정치를 했다. 서울에서 대학에 다녔다는 것 말고는, 서울이라는 도시에 깊게 뿌리내린 서사가 없다. 여의도에서는 유명할지 몰라도, 상계동 골목시장이나 강남 사거리에서 그는 낯선 이방인일 뿐이다.

우리는 지난 선거에서 뼈아픈 교훈을 얻었다. 당대표까지 지낸 거물급 정치인이 서울에 출마했다가 어떤 결과를 맞이했는지 똑똑히 기억한다. 서울 시민들은 내 삶과 상관없는, 그저 선거 공학에 따라 내려온 인물에게 곁을 내줄 만큼 호락호락하지 않다.

강훈식은 분명 민주당의 소중한 자산이다. 앞으로 더 큰 바다로 나아가야 할 배다. 그런데 당장 급하다고 해서, 준비되지 않은 항구에 억지로 배를 대게 할 수는 없는 노릇이다.

오세훈을 잡겠다고 내보내기엔, 그는 너무 아까운 칼이다. 자칫하면 칼날도 상하고, 칼을 쥔 손까지 벨 수 있다. 급하게 바다로 향하기보다, 물길을 충분히 채우는 시간이 필요하다. 지금은 그를 아껴두어야 할 때다. 더 결정적인 순간, 더 넓은 전장에서 그 예리함이 빛을 발할 수 있도록.

16*
김민석

여의도 호사가들 사이에서 심심찮게 들리는 말이 있다.

"이번 서울시장 선거, 정말 이기고 싶다면 결국 김민석이 나가야 하는 거 아니야?"

틀린 말은 아니다. 그는 지금 이재명 정부의 초대 국무총리다. 대통령의 1호 파트너이자, 국정 전반을 총괄하는 거물이다. 그런 사람이 서울시장 후보로 거론된다는 건, 그만큼 민주당이 이번 선거를 절박하게 보고 있다는 방증일 것이다. 당이 가진 가장 무거운 카드를 꺼내서라도 반드시 이겨야 한다는 조바심이 그를 자꾸 선거판으로 불러내고 있다.

그의 인생은 한 편의 드라마였다. 그는 학생운동을 하던 청년에서 곧바로 정치에 뛰어든 드문 케이스였다. 한 번의 석패260표를 딛고 2번째 도전 만에 당대 최고의 인기 탤런트 출신 후보최불암를 꺾고 최연소32세의 나이로 국회에 들어왔을 때, 세상은 그를 '천재'라고 불렀다. 김대중 총재의 비서실장이 되고 재선에 성공할 때까지만 해도 그의 앞길은 비단길처럼 보였다.

하지만 일찍 핀 꽃은 일찍 지는 법일까. 서른여덟 살, 그는 너무 일찍 꺾였다. 2002년 서울시장 선거에 나섰다 낙선했고, 결정적으로 노무현과 정몽준의 단일화 과정에서 정몽준의 편에 서는 선택을 했다.

본인으로서는 억울함이 있었겠지만, 그 선택은 그를 급전직하 나락으로 밀어 넣었다. 남들은 평생 한 번 겪기도 힘든 깊은 추락과 18년이라는 긴 겨울을 견뎌낸 뒤에야, 그는 다시 여의도로 돌아올 수 있었다.

그의 재기는 요란하지 않았다. 민주당에 조용히 합류해 묵묵히 정책을 다듬었고, 지난 대선에서 이재명 대통령을 만든 숨은 공신으로 부활했다.

특히 그의 진가가 유감없이 발휘된 건 작년이었다. 온 나라를 충격에 빠뜨렸던 내란 사태가 터지기 전부터, 그는 끊임없이 가능성을 언급하며 경고음을 울렸다. 모두가 "설마 그런 일이 일어나 겠어?" 하며 손사래 칠 때, 그는 냉철하게 최악의 상황을 예견하고 대비했다. 그 날카로운 예지력이 없었다면 우리는 더 깊은 혼란에 빠졌을지도 모른다.

그 공로로 그는 이재명 정부의 초대 국무총리가 되었고, 최근 APEC 정상회의까지 성공적으로 치러내며 행정 능력까지 증명했다. 그러니 서울시장 후보로서 자격은 차고 넘친다. 하지만 고개를 젓게 된다. 그가 서울시장으로 나오는 것이 과연 모두에게 좋은 일일까.

첫째, 판이 감당할 수 없을 만큼 커져버린다. 비서실장이 나가는 것과는 차원이 다른 문제다. 현직 국무총리는 명실상부한 내각의 간판이다. 그런 그가 선거판에 뛰어드는 순간, 서울시장 선거는 단순한 지방선거가 아니라 정권의 명운을 건 거대한 도박판으로 변질된다. 선거의 구호는 서울을 어떻게 바꿀까가 아니라 '이재명 정부, 이대로 좋은가'라는 살벌한 심판론으로 뒤덮일 것이다. 아무리 지지율이 높은 정부라도, 굳이 이렇게 위험한 판을 벌여 긁어 부스럼을 만들 필요가 있을까.

둘째, 과거의 그림자다. 그는 2002년에도 의원직을 던지고 서울시장에 도전했다가 실패한 아픈 기억이 있다. 이번에 또다시 총리직을 던지고 나온다면, 사람들은 20년 전의 그 장면을 떠올릴지 모른다. '저 사람은 자리를 너무 쉽게 던지는구나'라는 인상을 줄 수도 있다. 이제 겨우 신뢰를 회복하고 국정을 이끌고 있는데, 너무 급하게 말을 갈아타는 모습은 그에게도, 당에도 부담이다.

무엇보다 가장 중요한 건, 그의 시선이 향하는 곳이다. 국무총리까지 지낸 사람의 꿈이 다시 서울시장으로 돌아가는 것일까. 아마도 그의 눈은 더 높은 곳, 더 먼 미래를 보고 있을 것이다. 서울시장은 분명 중요한 자리이지만, 지금의 김민석에게는 지나온 정거장이거나, 굳이 건너지 않아도 될 징검다리일 수 있다.

김민석은 분명 민주당의 대체불가한 자산이다. 위기의 순간마다 등판해 남들보다 반 발짝 앞선 감각으로 위기를 기회로 바꿔 온 탁월한 전략가였다. 하지만 모든 싸움에 장수가 나설 수는 없다.

더 중요한 때를 위해, 지금 이 큰 나무는 깊은 흙에 뿌리를 박고 숲 전체를 지키는 게 더 좋지 않을까.

17*
조국

지난 총선, 우리는 거센 바람 하나를 목격했다. '조국'이라는 바람이었다.

모두가 끝났다고 생각했던 순간, 그는 다시 돌아왔다. 검찰 독재를 끝내겠다는 선명한 깃발 하나를 들고, 거침없이 얼음을 깨고 나아가는 쇄빙선처럼 등장했다. 사람들은 그에게 열광했고, 비례대표 12석이라는 놀라운 결과를 쥐어 주었다. '지민비조'라는 말은 단순한 유행어가 아니라, 민주당만으로는 채워지지 않는 갈증을 그가 해결해 주길 바라는 시민들의 뜨거운 열망이었다.

하지만 지금, 그 바람의 온도는 예전 같지 않다.
그가 잠시 자리를 비우고 수감되어 있던 시기, 당 내부에서 터져 나온 잡음들은 뼈아팠다. 특히 당 관계자가 연루된 성 비위 문제는 그들이 내세웠던 도덕적 선명성에 씻을 수 없는 생채기를 남겼다. 확실하게 매듭짓지 못하는 모습에 일부 지지자들은 고개를 돌렸다. 총선 때 뜨겁게 달아올랐던 지지율은 눈에 띄게 식었고, 쇄빙선의 엔진 소리도 예전만큼 웅장하지 않다.

이제 사람들의 시선은 다음 무대, 서울을 향한다. 과연 조국이 서울시장 선거라는 거친 바다에도 배를 띄울 것인가. 이것은 단순히 한 정치인의 출마 여부를 묻는 게 아니다. 이제 막 닻을 올린 조국혁신당이 비례정당이라는 한계를 넘어, 땅에 뿌리를 내린 단단한 정당으로 설 수 있느냐를 가르는 중요한 문제다.

시나리오는 크게 세 가지다.

첫째, 아예 나오지 않는 것. 하지만 이건 정당의 문을 닫겠다는 소리나 다름없다. 서울시장 후보도 내지 못하는 정당을 누가 전국 정당으로 인정해 주겠는가.

둘째, 끝까지 독자 완주하는 것. 이건 너무 위험하다. 자칫 표가 갈려 보수 정당에 어부지리로 승리를 안겨준다면, 그 비난의 화살은 온전히 조국에게 쏟아질 것이다. '당신 때문에 졌다'라는 책임론은 정치인에게 씻을 수 없는 상처가 되고, 당의 존립마저 위태롭게 만들 수 있다.

그래서 가장 유력한 것은 세 번째 길, 바로 '출마 후 막판 단일화'다.

일단 링 위에 올라 존재감을 과시하며 당의 세를 결집한다. 그리고 결정적인 순간에 민주당과 극적인 단일화를 이뤄내는 것이다. 이렇게 하면 정당의 존재 이유도 증명하고, 진보 진영 승리의 결정적 도우미라는 명분도 챙길 수 있다. 어쩌면 이것이야말로 조국이 쥔 가장 현실적이고 영리한 카드일지 모른다.

조국에게 서울은 기회의 땅이자, 동시에 가장 위험한 지뢰밭이다. 많은 사람이 그에게 열광했던 이유는 무도한 권력에 맞서 싸우는 투사로서의 선명함 때문이었다. 그런데 서울시장은 투쟁하는 자리가 아니라, 쓰레기를 치우고 지하철을 굴리는 살림꾼의 자리다. 쇄빙선의 뾰족한 앞머리가, 복잡하게 얽힌 서울의 골목길에서는 오히려 걸림돌이 될 수도 있다.

그래서 조국의 고민은 깊을 수밖에 없다. 예전만큼 강력하지 않은 엔진을 달고, 그는 어떤 항로를 택해야 할까. 확실한 건 하나다. 그는 더 이상 혼자서 판을 뒤집을 수 있는 태풍은 아니다. 하지만 배의 균형을 맞추거나, 혹은 배를 흔들 수도 있는 여전한 파도임은 분명하다.

쇄빙선의 임무는 얼음을 깨는 것이다. 하지만 얼음이 다 깨진 뒤,

망망대해에서 그 배가 어디로 향할지는 아무도 모른다. 조국. 그는 과연 서울이라는 항구에 닻을 내릴까, 아니면 더 먼바다를 향해 뱃머리를 돌릴까.

다만, 우리는 그가 현명한 선택을 할 것이라 믿는다. 그는 누구보다 시대의 흐름을 예민하게 읽어내는 감각을 가진 사람이니까.

CHAPTER 4*
왜 정원오인가?

\#성동에살아요.
이 짧은 해시태그 속에 담긴 30만 개의 자부심.

성동구민 10명 중 9명이 성동구에 사는 것에
만족한다는 통계는, 어쩌면 숫자보다 더 뜨거운
마음의 온도일지도 모른다.

다시, 성동구로 돌아가고 싶다.

18*
인지도가 문제라고?

"정원오가 누구야?"

아직 이 이름이 낯선 사람들이 더 많다. 서울시장이라는 거대한 명함 앞에서는 고개가 갸웃해질 수도 있다. 텔레비전만 틀면 나오는 유력 대선주자급 정치인도 아니고, 화려한 스포트라이트를 받아온 스타도 아니니까. 누구나 아는 오세훈 시장과 나란히 이름을 올리면, 체급이 다르지 않나 하는 걱정이 드는 것도 무리는 아니다.

하지만 그 낯섦을 조금 다르게, 조금 더 깊이 읽고 싶다. 우리가 그토록 유명한 정치인들에게서 무엇을 보았는가. 그들은 익숙하다. 하지만 그 익숙함 속에는 지긋지긋함도 섞여 있다. 선거철만 되면 쏟아지는 똑같은 약속, 상대를 헐뜯는 고성, 그리고 당선된 뒤에는 거짓말처럼 사라지는 관심. 우리는 그 화려한 스타들에게 너무 많은 기대를 걸었고, 딱 그만큼의, 아니 그보다 더 큰 실망을 되돌려받았다. 유명세가 곧 실력은 아니라는 것을, 우리는 뼈 아픈 경험으로 이미 알고 있다.

그래서 정원오라는 낯선 이름은 약점이 아니라 기회다. 그것은 아직 낡은 정치의 낙서가 되어 있지 않은, 구겨지거나 얼룩지지 않은 깨끗한 도화지다.

그는 말을 앞세워 유명해지는 길 대신, 묵묵히 시민의 일상을 챙기는 길을 택했다. 보통의 정치인이 자신의 이름을 알리기 위해 현수막을 걸고 명함을 돌릴 때, 그는 보이지 않는 곳에서 시스템을 만지고 있었다.

내가 그를 다시 보게 된 건 거창한 공약집 때문이 아니었다. 어느 찜통더위가 기승을 부리던 여름날, 버스 정류장에 서 있는 투명한 유리 집을 보았을 때였다. 땀을 뻘뻘 흘리며 버스를 기다리던 사람들이 그 안으로 들어가 안도의 숨을 내쉬는 모습을 보았을 때, 우리는 이 시설을 만든 사람의 이름보다 그가 가진 마음의 결이 궁금해졌다.

비 오는 밤, 건널목 바닥에 켜진 초록 불빛을 보며 스마트폰을 쥔

아이가 안전하게 길을 건너는 모습을 보았을 때도 그랬다. 그는 자신의 치적을 알리기 위해 간판을 세우는 대신, 어두운 길 위에 조용히 빛을 깔아두었다. 사람들은 정원오라는 이름은 몰라도, 그가 만들어 놓은 편안함은 이미 공기처럼 누리고 있다. 이름보다 변화가 먼저 도착해 있는 셈이다.

보통 정치인들은 마음이 급해지면 무리수를 둔다. 인지도가 낮다는 소리를 들으면, 일단 이름부터 알리자며 목소리를 높이고 싶어진다. 지키지도 못할 장밋빛 공약을 쏟아내고, 자극적인 말로 시선을 끌려 한다. 어떻게든 뉴스 한 줄에 더 나오기 위해 애를 쓴다.

하지만 그렇게 얻은 인기는 거품처럼 금방 사라지고, 남는 건 "그 사람도 별 수 없네"라는 실망뿐이다.

하지만 정원오는 달랐다. 그는 조급함 대신 책임감을 택했다. 주민들이 무리한 요구를 할 때, 그는 표를 얻기 위해 무조건 "해드리겠습니다"라고 말하지 않는다. 그렇다고 "법 때문에 안 됩니다"라며 차갑게 거절하지도 않는다. 대신 그는 안 되는 이유 뒤에 반드시 할 수 있는 일을 덧붙인다.

"그건 법적으로 어렵지만, 대신 이런 방법으로 도울 수는 있습니다. 그건 저희가 다음 달까지 꼭 해놓겠습니다."

무책임한 승낙보다, 책임질 수 있는 대안을 내놓는 태도. 그는 당장의 환호 대신, 나중의 신뢰를 선택하는 것이다. "검토해 보겠습니다"라는 행정 특유의 모호한 말로 희망 고문을 하는 대신, "다음 주 화요일까지 확인해서 연락드리겠습니다"라고 정확한 날짜를 약속한다. 그리고 그 약속을 지킨다. 이 깐깐하고 답답해 보일 정도로 우직한 신중함이야말로, 그가 낡은 정치인들과 다르다는 가장 확실한 증거다.

서울은 지금 유명한 스타를 원하지 않는다. 지금 우리에게 필요한 건, 높은 단상 위에서 거대 담론을 외치며 손을 흔드는 사람이 아니다. 불안한 나의 귀갓길을 시스템으로 지켜주고, 팍팍한 내 삶의 기반이 무너지지 않도록 보이지 않는 곳에서 단단하게 받쳐줄 사람이다. 매일의 출근길과 퇴근길, 아이들의 등굣길과 부모님의 산책길을 살피는, 생활의 감각이 살아 있는 사람이다.

그렇기에 확신한다. 이 낯선 이름이 서울의 일상에 스며드는 속도는 생각보다 빠를 것이다. 오래된 유행가가 지겨울 때쯤 들려오는 맑고 새로운 목소리. 그 목소리가 내 마음을 정확히 읽어준다면, 우리는 금세 그 노래를 사랑하게 될 테니까.

정원오. 어쩌면 아직 그를 모르는 사람이 많아서 다행이다. 이미 다 아는 맛이 아니라, 앞으로 알아갈수록 감탄하게 될 '맛있는 정치'가 아직 많이 남아 있다는 뜻이니까. 그의 진면목을 알게 될 사람들의 수만큼, 기분 좋은 설렘이 이 도시에 남아 있다는 뜻이니까.

19*
아닌 건 아니라고

'중국 유학생은 100% 잠재적 간첩.'

이 현수막을 본 적이 있을 것이다. 아니, 이보다 더 험악해서 차마 여기에 적지 못할 내용들도 많다. 특정 국적이나 인종을 향한 원색적인 비난, 듣기만 해도 얼굴이 화끈거리는 인신공격이 담긴 현수막들이 어느 날부턴가 우리 동네 사거리와 학교 앞을 점령하기 시작했다. 정당 현수막이라는 이름표를 달고 말이다.

이 현수막들이 나부끼는 동안, 거리는 멍들고 있었다. 단순히 보기에 흉한 정도가 아니었다. 명동을 보자. 코로나의 긴 터널을 지나 이제 겨우 숨통이 트이나 싶었던 상인들은 또다시 한숨을 내쉬어야 했다. K-컬처를 즐기러 온 외국인 관광객들이 '물러가라', '꺼져라'는 혐오의 구호 앞에서 겁에 질려 발길을 돌렸기 때문이다. 장사 좀 해보려는 상인들에게 이 혐오 시위는 생존을 위협하는 재난이었다.

어디 그뿐인가. 다문화 가정의 아이들은 등굣길에 걸린 '너희 나라로 돌아가라'는 현수막을 보며 고개를 숙여야 했고, 주민들은 내 집 앞에서 들리는 혐오의 확성기 소리에 귀를 막아야 했다. 그것은 표현의 자유가 아니라, 공동체의 일상을 파괴하는 명백한 폭력이었다.

하지만 행정은 무력했나. 법이 그랬다. 정당 활동의 자유를 보장한다는 이유로, 정당의 이름이 박힌 현수막은 아무리 거친 말을 쏟아내도 함부로 뗄 수 없었다. 구청 담당자들은 빗발치는 민원 전화에 "죄송합니다"라는 말만 앵무새처럼 반복해야 했다. 자칫 손을 댔다가는 정치 탄압이라는 역풍을 맞을 수도 있는 예민한 문제였으니까.

그때, 정원오가 나섰다. 그는 회의실에서 담당자들에게 이렇게 물었다.

"이게 표현의 자유입니까? 아니면 폭력입니까?"

그는 단호했다. 표현할 수 있는 권리도 중요하지만, 주민들의 평온한 일상을 지키고 상인들의 생계를 보호하는 것이 행정의 더 큰 의무라고 판단했다. 혐오가 낳는 사회적 비용과 경제적 손실을 더 이상 방치할 수 없다고 본 것이다.

"성동구에서는 더 이상 안 됩니다. 혐오 표현이 담긴 현수막은, 정당을 불문하고 즉시 철거하겠습니다."

그는 말로만 그치지 않았다. 변호사와 전문가들의 자문을 받아 금지 광고물 실무 매뉴얼을 만들었다. 무엇이 혐오이고, 무엇이 차별인지 기준을 명확히 세웠다. 그리고 선언했다. 앞으로 인종차별이나 혐오 표현이 적힌 현수막은 예외 없이 강제 철거하겠다고. 법 때문에 어쩔 수 없다는 핑계 뒤에 숨지 않겠다고.

반발이 없었을까. 당연히 빗발쳤을 것이다. 표현의 자유를 침해한다는 항의가 쏟아지고, 구청장실로 고성을 지르며 찾아오는 이들도 있었을 것이다. 하지만 그는 물러서지 않았다.

"내 아이에게 보여줄 수 없는 문구라면 거리에 걸어서도 안 됩니다. 그게 상식입니다."

그의 이 단호한 결단은 놀라운 나비효과를 불러왔다. 성동구의 거리가 깨끗해지자, 다른 지역 주민들이 움직이기 시작했다.

"성동구에서는 더 이상 안 됩니다.
혐오 표현이 담긴 현수막은, 정당을 불문하고
즉시 철거하겠습니다."

"성동구는 하는데 왜 우리는 못 합니까?"

"아이들 보기 창피해서 못 살겠습니다. 우리도 떼어 주세요."

성동구에서 시작된 변화는 다른 지자체장들을 압박했고, 결국 국회에서도 법을 고쳐야 한다는 자성의 목소리가 터져 나오게 만들었다. 무엇보다 시민들이 박수를 보냈다. 진보와 보수를 떠나, 혐오와 차별에 지쳐 있던 침묵하는 다수가 그의 원칙에 환호한 것이다.

정원오를 일 잘하고 마음씨 좋은 구청장으로만 알았던 사람들에게, 이 사건은 신선한 충격이었다. 그는 늘 웃고 있지만, 웃음 뒤에는 원칙을 지키는 서늘한 칼날이 숨겨져 있었다.

모두가 예라고 할 때 공동체를 위해 아니오, 라고 말할 수 있는 용기, 혐오의 말들이 거리를 덮고 이웃의 삶을 위협할 때 욕먹을 각오를 하고 그 앞을 막아서는 결단.

정원오는 따뜻하고 부드러운 사람이다. 하지만 아닌 건 아니라고, 누가 봐도 잘못된 것에 대해서는 단호하게 선을 긋는 사람이다.

리더는, 그래야 하니까.

20*
강력한 사용 후기

어떤 광고가 가장 효과가 좋을까?

TV 광고, 신문 광고, 유튜브 광고, 인플루언서 협찬 광고, 그리고 그 짧은 숏츠까지.
우리는 그야말로 광고의 홍수 속에 살고 있다. 스마트폰을 켜면 원하지 않는 정보들이 쏟아지고, 우리는 무의식적으로 건너뛰기 버튼을 누를 준비를 한다. 페이스북이나 인스타그램도 마찬가지다. 클릭 한 번 잘못하면 알고리즘이라는 광고 지옥에 빠져 헤어 나오지 못하기도 한다.

이해는 간다. 그들은 어떻게든 팔아야 하니까. 팔려면 기를 쓰고 알려야 하니까. 기업들은 천문학적인 돈을 쏟아 부으며 우리의 눈길을 단 1초라도 붙잡으려 애쓴다.

하지만 정작 우리의 굳게 닫힌 지갑을 열게 하는 건 무엇일까. 수십억 짜리 화려한 영상도, 유명한 모델의 미소도 아니다.

"야, 내가 써봤는데 이거 진짜 물건이더라."

친한 친구가 밥 먹다가 툭 던지는 이 한마디다. 바로 입소문이다. 세상의 어떤 마케팅 전문가도 이길 수 없는 게 바로 신뢰를 담은 리얼 후기다.

여의도 정치권 사람들은 선거철만 되면 계산기를 두드리느라 바쁘다. 조직표가 몇 만이고, 선거 자금이 얼마고, 인지도가 몇 퍼센트고. 그들의 낡은 셈법으로는 도저히 답이 안 나오는 사람이 있다. 바로 정원오다. 그는 유력한 계파도 없고, 막대한 돈도 없고, 전국적인 인지도도 아직은 낮으니까.

하지만 그들이 계산기에서 빠뜨린 결정적인 한 가지가 있다. 돈으로도, 조직으로도 절대 살 수 없는 그것. 바로 살아 있는 증거다.

정원오는 이미 성동구라는 거친 테스트 베드에서 28만 명의 까다로운 소비자들에게 12년 동안 검증을 마친, 확실한 품질 보증 수표다. 성동구민들이 그를 지지하는 건, 그가 내가 좋아하는 정당 소속이라서가 아니다. 그가 유명해서도, 그럴싸한 홍보 문구에 넘어가서도 아니다. 내 삶을 실제로, 그리고 확실하게 바꿔줬기 때문이다.

새벽녘 보낸 문자에 직접 답장을 보내고 다음 날 바로 현장으로 달려온 사람. 버스가 다니지 않아 발을 동동 구르던 가파른 언덕길에 무료 셔틀버스를 올려 보낸 사람. 아무도 신경 쓰지 않던 필수 노동자의 어깨에 따뜻한 조끼를 입혀준 사람. 그리고 감당할 수 없는 임대료 상승 때문에 쫓겨날 뻔한 거리에서 계속 장사할 수 있도록 가게 문을 열어준 사람.

이 확실한 효능감을 맛본 주민들은 가만히 있지 않는다. 나만 알고 있기엔 너무 아까운 맛집을 발견하면 사랑하는 사람을 데려가고 싶어 안달이 나는 것처럼, 그들은 누가 시키지 않아도 자발적인 영업사원이 된다.

보통 사람들은 명절 가족 모임이나 친구들과의 술자리에서 정치 이야기를 꺼리는 법이다. 자칫하면 서로 얼굴을 붉히거나 분위기가 어색해지기 때문이다. '정치 얘기는 하지 말자'가 불문율이 된 지 오래다. 하지만 성동구민들은 다르다. 그들은 정치를 이야기하는 게 아니라, 내 삶의 자랑거리를 이야기한다.

"야, 너희 동네 구청장은 문자 보내면 직접 답장해 주냐? 우리 동

네는 해준다."

"이번에 우리 집 앞 건널목 바뀐 거 봤어? 바닥에 불 들어오니까 밤에도 대낮처럼 환하고 진짜 편하더라. 이거 정원오가 한 거야."

그들에게 정원오를 지지하는 일은 어떤 이념적 투쟁이 아니다. 내 안목이 이렇게 높다는 것을 증명하는 일이고, 내가 사는 동네가 이렇게 살기 좋다는 것을 자랑하는 즐거운 수다. 그렇기에 거부감이 없다. 듣는 사람도 "정치 얘기 그만해!"라고 막는 대신, 부러워하며 귀를 기울이게 된다.

이들의 목소리는 선거 사무소에서 만든 수만 장의 홍보물보다 훨씬 더 강력한 파급효과를 가져온다. 밥상머리에서 가족들에게, 오랜만에 만난 동창회에서 친구들에게, 아파트 단톡방과 지역 맘카페에서 이웃들에게 실시간으로 퍼져나간다. 돈 한 푼 받지 않고, 오직 내 자부심으로 움직이는 28만 명의 선거운동원. 이보다 무서운 조직이 세상에 또 있을까.

더구나 구민들에게는 절박함이 있다. 정원오는 이제 3선 임기를 마치고 성동구를 떠나야 한다. 더 이상 우리 동네 구청장으로 붙잡아 둘 수 없다면, 차라리 서울시장으로 보내서 더 큰 일을 하게 만드는 게 낫다는 계산이 선다. 그래야 내가 사는 성동구도, 내가 일하는 서울도 계속 좋아질 테니까.

이것은 막연한 추측이 아니다. 실제로 성동구 곳곳에서 들려오는 생생한 목소리다.
아이를 키우는 한 엄마는 스마트폰을 보여주며 말했다.

"다른 동네 사는 친구들 단톡방에 제가 성동구 자랑을 좀 했거든요. 옐로 카펫이며 스마트 쉼터며 사진 찍어 올렸더니 다들 난리가 났어요. 자기네 동네 구청장은 도대체 뭐 하냐고요. 제가 웃으면서 그랬죠. 억울하면 너희도 이번에 정원오 찍으라고. 그게 제일 빠른 방법이라고요."

쫓겨날 위기에서 살아남은 성수동의 한 사장님은 이렇게 거들었다.

"월세 때문에 가게 접고 떠날 판이었는데, 구청이 만든 안심상가 덕분에 살았어요. 장사하는 사람끼리 모이면 그래요. 우리 밥줄 지켜준 사람은 정원오 하나뿐이라고. 내 가게 오는 손님들한테 커피 내주면서 꼭 그 얘기를 해요. 이런 사람이 시장이 돼야 우리 같은 자영업자가 산다고요."

직장인들이 모인 저녁 술자리에서도 심심찮게 이런 말이 나온다.

"친구가 자기네 동네 행정이 너무 답답하다고 하소연하길래 제가 조용히 핸드폰을 꺼내서 문자 내역을 보여줬어요. 가로등 고쳐 달라고 보냈더니 바로 답장 온 거요. 친구가 입을 딱 벌리더라고요. 백 마디 공약보다 그 문자 하나가 더 확실하던데요."

금호동에 사는 한 어르신은 주치의 선생님 이야기를 꺼냈다.

"몸이 아파서 병원 가기도 힘들었는데, 의사 선생님이 직접 집으로 와서 진찰을 해주더라고. 자식도 바빠서 못 오는 걸 구청이 챙겨주니 얼마나 고마워. 내 평생 투표하면서 누구 찍으라고 말한 적 없는데, 이번엔 경로당 가서 내가 다 설득할 거야. 늙은이들한테 이보다 더 좋은 후보는 없다고."

조직은 시간과 돈으로 만들 수 있다. 인지도는 막대한 홍보비를 쏟아 부으면 높일 수 있다. 하지만 사람의 마음은 돈이나 기술로 살 수 없다. 그것은 오직 오랜 시간 동안 쌓아 올린 신뢰와 결과물로만 얻을 수 있다.

정원오에게는 아직 부족한 것이 많다. 하지만 그에게는 다른 후보들에게 없는 한 가지가 있다.

바로 사람이다.

그의 진심을 경험했고, 그의 실력을 확인했으며, 그를 위해 기꺼이 자기 손과 발, 그리고 입까지 빌려줄 준비가 된 사람들. 이들이 각자의 자리에서 전화를 돌리고, 문자를 보내고, 단톡방에 성동구 사용 후기를 올리는 순간, 여의도 정치권 사람들의 계산기는 더 바빠질 것이다.

"헉, 이게 말이 돼?"

21*
한강버스 대 성공버스

'한강 르네상스'.
처음엔 그럴듯했다. 아니, 꽤 낭만적으로 들렸다.

꽉 막힌 도로 대신 친환경 유람선을 타고 시원한 강바람을 맞으며 출근한다. 강에는 신호등도 없고, 지긋지긋한 교통 체증도 없다. 마치 파리의 세느강을 오가는 바토부스처럼, 런던 템즈강을 가로지르는 리버버스처럼. 서울도 그런 멋진 물길 도시가 될 수 있을 것 같았다.

어쩌면 이 프로젝트를 설계한 사람은 부푼 꿈에 젖어 있었을지도 모른다. 이 배가 성공적으로 뜨기만 한다면, 과거 청계천 물길을 열고 대권으로 직행했던 누군가처럼 자신에게도 더 높은 곳으로 가는 문이 열릴 것이라고. 헛되지만 달콤한 그 희망이 한강에 배를 띄웠을 것이다. 하지만 2025년 가을, 막상 그 배가 떴을 때 우리가 마주한 건 낭만이 아니라 냉혹한 현실이었다.

야심차게 출발한 한강버스는 시작부터 삐걱거렸다. 출퇴근 시간을 획기적으로 줄여 준다던 약속은 무색해졌다. 배를 타러 강가까지 나가는 시간, 배를 기다리는 시간, 그리고 다시 도심으로 들어오는 시간을 합치니 지하철보다 더 오래 걸렸다. 마곡에서 잠실까지 80분.

이거야말로 탁상행정의 극치가 아닐까. 실제 서울의 아침 출근길을 겪어본 사람이라면 감히 이런 정책은 상상으로도 못 했을 것이다. 단 5초 차이로 지하철 문이 닫히면 지각을 하기에, 그 많은 인파 속에서도 뛰고 또 뛰며 땀을 흘려본 사람이라면 알 것이다. 그 바쁜 아침에 강가 선착장까지 가서 배를 기다리고, 배에 타고, 내려서 또 다른 교통수단으로 갈아타고 직장에 간다니. 말이 되는 소리인가.

문제는 시간뿐만이 아니었다. 배가 뜨자마자 예고된 재앙들이 터져 나왔다. 첫날부터 선내 화장실이 역류해 승객들이 악취에 시달려야 했고, 전기가 끊겨 운행이 중단되기도 했다. 급기야 11월에는 80여 명의 승객을 태운 배가 잠실 앞바다 모래톱에 콱 박혀 오도 가도 못하는 아찔한 사고까지 발생했다. 갈수기라 수심이

얕다는 경고가 있었음에도 무리하게 운행하다 벌어진, 명백한 인재였다.

더 큰 문제는 그 이후였다. 국회 국정감사에서 너무 서둘러 추진한 것 아니냐는 지적이 여러 차례 나왔지만, 서울시는 신속한 추진일 뿐 문제없다는 태도로 일관했다. 그 안일함이 결국 사고를 불렀고, 국무총리가 나서서 전면 재점검을 지시하는 상황까지 왔다. 애초에 시민의 안전과 공적 절차를 중심에 두었다면 피할 수 있었던 일이다.

남의 나라 겉모습만 흉내 낸 성급한 욕심이 부른 참사였다. 수백억 원의 예산이 들어간 그 배는 시민의 발이 되기는커녕 강 위에 둥둥 떠 있는 거대한 흉물이 되어버렸다.

한강버스가 강 위에서 표류하고 있을 때, 성동구의 좁은 골목길에서는 정반대의 풍경이 펼쳐지고 있었다. 정원오는 화려한 배 대신 작고 투박한 버스 한 대를 불렀다. 이름은 성공버스. 마을버스조차 들어오지 못하는 가파른 언덕길, 지하철역까지 가려면 한참을 걸어야 하는 소외된 동네를 구석구석 누비는 무료 셔틀버스였다.

그가 주목한 건 한강의 낭만이 아니라, 매일 아침 출근 전쟁을 치르는 주민들의 땀방울이었다.

"관광객을 부르는 것도 좋지만, 당장 내일 아침 출근길에 발을 동동 구르는 주민들을 챙기는 게 먼저다."

그는 폼나는 신규 사업 대신, 기존의 마을버스 기사님들 월급을 올려주는 재미없는 일을 택했다. 기사가 없어 배차 간격이 길어지자, 구 예산으로 월급을 보전해 주어 떠나려는 기사들을 붙잡은 것이다.

덕분에 30분 넘게 기다려야 했던 버스가 10분마다 오게 되었다. 주민들의 출근길은 20분 빨라졌고, 퇴근길 발걸음은 한결 가벼워졌다. 한강버스가 화려한 조명 아래서 서울의 랜드마크를 꿈꿀 때, 성공버스는 어두운 골목길을 비추며 주민의 다리가 되어 주었다.

오세훈은 강을 보았고, 정원오는 길을 보았다. 오세훈은 3천만 관광객을 꿈꿨고, 정원오는 30만 구민의 아침잠을 걱정했다. 오세훈은 시민에게 보여주기 위해 배를 띄웠고, 정원오는 시민들을 챙겨주기 위해 버스를 돌렸다.

한강버스의 잇따른 사고와 논란은 우리에게 묵직한 질문을 던진다.

'정치란 무엇인가. 화려한 볼거리를 제공하는 이벤트인가, 아니면 고단한 삶을 보살피는 일인가.'

물론 도시에는 랜드마크도 필요하고, 멋진 관광 상품도 필요하다. 하지만 그것이 시민의 안전과 일상을 담보로 한 도박이 되어서는 안 된다. 기본이 흔들리는 배 위에서 샴페인을 터뜨릴 수는 없는 노릇이다. 지금 서울에 필요한 건, 강물 위를 떠다니는 유람선이 아니다. 꽉 막힌 도로를 뚫고, 끊어진 골목을 잇고, 내 집 앞까지 안전하게 데려다주는 튼튼한 버스다.

아마도 다음 서울시장 선거에서 우리는 오세훈 시장을 다시 마주하게 될 가능성이 크다. 그가 잘해서가 아니라, 보수 진영 내에서 그를 대체할 만한 다른 인물이 딱히 보이지 않기 때문이다. 하지만 현재로선 그 자리조차 위태롭다. 명태균 게이트가 언제 터질지 모르는 뇌관이 되어 그의 발목을 잡고 있기 때문이다. 어쩔 수 없는 대안, 심지어 그마저도 불안한 대안. 그것이 지금 그의 솔직한 현주소다.

한강을 바라보는 두 개의 시선이 있다. 하나는 저 높은 하늘과 낭만을 향해 있고, 하나는 우리가 발 딛고 선 거친 땅을 향해 있다. 당신은 누구에게 서울의 키를 맡길 것인가.

22*
너는 꼼수다

"공문이 영어로 되어 있어 아직 내용을 검토 중이다."

농담이 아니다. 인공지능이 소설을 쓰고 우주로 로켓을 쏘아 올리는 2025년에, 대한민국 수도 서울시가 실제로 내놓은 답변이다. 유네스코가 종묘 앞 고층 개발을 우려하며 보낸 공식 서한에 대해, 서울시는 영어를 번역하느라 몇 달째 답을 못하고 있다는 황당한 핑계를 댔다. 개그 프로그램 대사라고 해도 믿기 힘든 이 장면은, 지금 서울 행정의 현주소를 적나라하게 보여준다.

도대체 무슨 일이 벌어지고 있는 걸까.
지금 서울 한복판, 종묘 앞이 시끄럽다. 세계문화유산인 종묘의 낮은 담장 너머로 거대한 그림자가 드리워지려 하고 있다. 서울시가 종묘 앞 세운4구역에 높이 142m, 무려 40층짜리 고층빌딩을 짓겠다고 선언했기 때문이다.

물론 낙후된 도심의 개발을 반기는 사람도 있을 것이다. 하지만 대다수 시민의 여론은 우려 쪽에 가깝다. 우리의 소중한 역사가 훼손되는 것은 아닐까, 유네스코마저 이대로라면 세계유산 지위가 박탈될 수 있다며 경고장을 날린 마당에 이렇게까지 밀어붙여야 하는가 하는 걱정이다. 그런데도 서울시는 요지부동이다. 영어 핑계를 대며 시간을 끌고, 막무가내로 밀어붙일 기세다.

왜 이렇게까지 무리수를 두는 걸까. 상식적으로는 이해가 되지 않는 이 폭주 뒤에는 오세훈 시장의 다급한 속내가 숨겨져 있다.

그는 지금 벼랑 끝에 서 있다. 소속 정당이 내란 사태에 연루되면서 정치적 생명이 위태로워졌고, 야심차게 띄운 한강버스는 잦은 고장과 사고로 표류 중이다. '그레이트 한강'이라는 청사진이 흐릿해진 지금, 그에게는 판을 단번에 뒤집을 강력하고 자극적인 한 방이 필요했다.

그 카드가 바로 개발이다. 여기에는 아주 치밀한 선거 전략, 즉 꼼수가 깔려 있다.
계산기를 두드려 보니 답은 명확했을 것이다. 어차피 강남과 서초 같은 보수 텃밭은 그를 지지할 것이다. 승부는 흔들리는 강북에서 갈린다. 그는 낙후된 강북, 특히 종로와 광화문 일대의 재개발 심리를 자극하면 승산이 있다고 판단했다.

"나를 찍으면 강북도 강남처럼 될 수 있습니다."

그는 다가올 선거판을 개발 대 반대의 싸움으로 몰고 가려 한다. 자신을 강북을 강남처럼 만들어 줄 리더로, 상대방을 발전을 가로막는 훼방꾼으로 만들려는 셈법이다. 이 프레임이 작동하는 순간, 옳고 그름의 문제는 사라지고 오직 욕망의 크기만 남게 된다.

이것은 여당에 치명적인 덫이다. 만약 여당이 문화재를 보호해야 한다는 원론적인 반대만 외친다면, 20년 넘게 개발만 기다려온 주민들의 고통을 외면하는 꽉 막힌 집단으로 매도당하기 딱 좋다. 저들이 파놓은 함정에 제 발로 걸어 들어가는 꼴이다.

이 위태로운 상황에서 정원오는 아주 영리하게 대처했다. 그는 꼼수에 꼼수로 대응하지 않았다. 대신 행정가로서 가장 기본적인, 그러나 가장 강력한 무기인 정공법을 꺼내 들었다.

"재개발, 해야 합니다. 피해를 보는 주민들에게 정당한 보상도 해야 합니다."

그는 주민들의 당연한 권리를 부정하지 않았다. 억눌린 욕망을 비난하지도 않았다. 다만 그 권리를 실현하는 방법을 문제 삼았다.

"하지만 시장님, 원칙은 지켜야죠. 종묘는 우리만의 것이 아니라 세계의 유산입니다. 높이를 무작정 올리는 게 능사가 아닙니다. 유네스코와 협의하고, 전문가들과 상의해서 경관도 살리고 사업성도 챙기는 더 지혜로운 방법을 찾아야 합니다."

그는 페이스북을 통해 조목조목 따져 물었다. 이명박, 박근혜 정부 시절에도 지켜왔던 높이 제한을 왜 이제 와서 정쟁이라고 몰아세우느냐고. 억지로 밀어붙이다가 유네스코 문화유산에서 제명이라도 되면, 그때 닥쳐올 도시 브랜드의 추락과 경제적 손실은 누가 책임질 것이냐고.

이것은 개발을 막는 게 아니다. 개발을 제대로 하자는 주장이다. 주민들의 재산권도 지키고, 서울의 역사적 가치도 지키는 묘수를 찾자는 제안이다. 이 정공법 앞에서 오세훈의 개발 대 반대라는 프레임은 힘을 잃는다. 싸움의 구도가 막무가내 개발 대 합리적 개발로 바뀌기 때문이다. 꼼수가 깨지는 순간이다.

오세훈의 조급함은 광화문 광장에서도 드러난다. 그는 촛불 집회의 성지이자 시민의 공간인 광화문에 100m 높이의 태극기 게양

대를 세우고, 감사의 정원이라는 이름으로 총 모양의 동상을 세우겠다고 나섰다. 참전 용사들에게 감사를 표한다는 명분이지만, 시민들은 의아해한다. 왜 하필 평화의 광장에 총을 든 군인의 형상이어야 하는가.

이 또한 마찬가지다. 거대한 상징물을 통해 자신의 업적을 남기려는 욕망, 보수층을 결집하려는 정치적 계산이 깔려 있다. 하지만 아무런 맥락도 없이 들어선 기념비는 흉물이 될 뿐이다. 시민의 공감이 없는 상징은 감동이 아니라 폭력이다.
정원오는 이번에도 차분하게 묻는다.

"광장의 주인은 시장입니까, 아니면 시민입니까?"

오세훈이 화려한 조감도로 욕망을 자극할 때, 정원오는 차분한 절차로 품격을 이야기한다. 오세훈이 갈등을 부추겨 표를 계산할 때, 정원오는 갈등을 봉합할 해법을 제시한다.

꼼수에 맞서는 가장 확실한 방법은 결국 정공법이다. 잔재주를 부리는 사람을 이기는 건, 화려한 말솜씨가 아니라 우직하게 원칙을 지키는 태도다.

문득 궁금해진다. 오세훈 시장은 지금 거론되는 수많은 여권 후보 중 누구를 가장 두려워할까. 이름만 대면 알 만한 유명한 정치인일까? 조직이 탄탄한 중진 의원일까? 아니면 목소리 큰 강성 투사일까?

그것도 아니면, 아직 인지도는 낮지만, 자신의 꼼수가 전혀 통하지 않는 사람. 자신의 화려한 보여주기식 사업과는 정반대의 길을 걸으며, 조용히 바닥 민심을 흔들고 있는 어느 동네 구청장이 아닐까?

23*
기이하고 놀라운 사건

지난 2022년 지방선거, 결과는 붉은색 물결이었다.

윤석열 정부가 들어선 지 갓 한 달, 정권 교체의 거센 바람은 지방선거까지 그대로 몰아쳤다. 서울 지도만 봐도 그랬다. 25개 구청장 자리 중 많은 곳이 붉은색으로 바뀌었다. 어쩌면 당연한 결과였다. 바람이 불면 풀은 눕는 법이니까. 그런데 그 거친 태풍 속에서, 홀로 파랗게 빛나는 점 하나가 있었다. 바로 성동구였다.

이날 성동구민들이 보여준 선택은 정치학 교과서에 실릴 만한 기이하고도 놀라운 사건이었다. 투표함을 열어보니 기막힌 결과가 쏟아져 나왔다. 서울시장 투표용지에는 보수정당 후보를 찍은 도장이 선명한데, 바로 옆 구청장 투표용지에는 민주당 정원오를 찍은 표가 수두룩했다. 이것을 정치권에서는 교차투표라고 부른

다. 하지만 우리는 이것을 현명한 선택이라고 부르고 싶다.

보통 우리는 관성에 따라 투표한다. 1번을 찍으면 줄줄이 1번을, 2번을 찍으면 내리 2번을 찍는다. 그게 마음 편하니까. 하지만 성동구민들은 그 편안한 관성을 거부했다. 기표소 안, 그 짧은 순간에 잠시 멈춰 서서 생각한 것이다.

'큰일은 저쪽에 맡기더라도, 우리 동네 살림만큼은 이 사람한테 맡겨야지.'

이런 교차투표는 변덕이 아니다. 그 배경에는 우리 동네만큼은 꼭 이 사람에게 맡겨야 한다는 주민들의 간절한 마음이 있다. 성동구 주민들은 지난 몇 해 동안 지켜본 그의 일머리와 태도를 믿었다.

그래서 시장 선거에서는 정권의 큰 흐름을 따라가더라도, 구청장 선거에서는 내 삶을 챙겨줄 실무자를 따로 챙겼다. 정당보다 사람, 정치색보다 일 처리를 믿기로 하자, 같은 손으로 두 개의 다른 선택을 하는 표가 자연스럽게 나왔다.

성동구는 사실 보수세가 강한 동네다. 대선에서도, 시장 선거에서도 보수 후보의 손을 들어줬다. 그런데도 정원오가 57%가 넘는 지지로 살아 남았다는 건 무엇을 의미할까. 그것은 정치적 계산을 넘어선 마음의 빛 같은 것이었다.

코로나로 모두가 힘들 때 가장 먼저 마스크를 챙겨준 사람, 젠트리피케이션으로 쫓겨날 뻔했을 때 내 가게를 지켜준 사람, 아이들 등굣길이 위험하다며 노란 카펫을 깔아준 사람. 주민들은 그 고마움을 기억하고 있었다. 그래서 정당이 달라도, 바람이 거세도, 이 사람의 손만은 놓을 수 없었던 것이다.

어떤 주민은 이렇게 말했다.

"나는 평생 보수당만 찍어온 사람이야. 이번에도 시장은 2번 찍었어. 근데 구청장은 1번 찍었지. 정원오가 해놓은 걸 봐. 동네가 확 달라졌잖아. 일 잘하는 사람을 당이 다르다고 내치는 건 바보 같은 짓이지."

이 말 속에 이번 선거의 핵심이 담겨 있다. 시민들은 바보가 아니다. 내 편 네 편을 가르는 싸움보다, 내 하루를 지켜주는 실력을 더 귀하게 여긴다.

이 사건은 다가올 서울시장 선거의 예고편과도 같다. 서울 한복판에서 이미 이 기적 같은 일이 벌어졌다. 성동구 유권자들은 이미 정당과 상관없이 인물을 선택하는 경험을 해봤고, 그 선택이 틀리지 않았음을 몸으로 확인했다. 이 기억은 강력한 무기가 된다.

앞으로의 승부는 누가 목소리가 더 크냐에 달려 있지 않다. 어느 후보가 상대 진영의 마음까지 훔쳐 올 수 있느냐, 즉 교차투표를 만들어낼 수 있느냐에 달려 있다. 양쪽의 고정 지지층은 이미 콘크리트처럼 굳어 있다. 승패를 가르는 건, 습관적으로 찍으려던 도장을 잠시 멈추고 그래도 일은 저 사람이 잘하지, 라며 마음을 바꾸는 그 찰나의 순간이다.

성동구에서 증명된 이 똑똑한 엇박자는, 이제 서울 전체로 퍼져 나갈 준비를 마쳤다.
투표용지 위에서 일어난 그 조용한 기적. 과연 서울 전역에서도 재현될 수 있을까.

24*
글로벌 G2 서울

이 책의 마지막 페이지를 구상하던 중이었다.
원고를 정리하다 문득 펜을 멈췄다. 무언가 빠진 것 같았다.

비 새는 반지하방을 고치고, 어르신의 신발에 등불을 달아주고, 아이들의 등굣길을 지키는 따뜻한 행정가. 다 좋았다. 하지만 서울시장이라는 자리는 1천만 시민의 오늘을 돌보는 자리이자, 동시에 이 거대한 도시의 내일을 먹여 살려야 하는 가장의 자리다. 다정한 살림꾼의 면모는 충분히 보았지만, 과연 그에게 서울을 이끌고 세계로 나갈 플랜이 있을까.

그때 우연히 유튜브 생방송에서 흘러나오는 정원오의 목소리를 들었다. 무심코 귀를 기울이다가, 무릎을 쳤다.

"아, 이거다!"

그는 덤덤한 목소리로 글로벌 G2 서울을 이야기하고 있었다.

보통 G2라고 하면 미국과 중국을 떠올린다. 하지만 그의 G2는 달랐다. 국가가 아니라 도시였다. 서양의 경제 수도가 뉴욕이라면, 동양의 경제 수도는 서울이 되어야 한다는 담대한 구상이었다. 도쿄나 상하이, 싱가포르와 아등바등 경쟁하는 수준을 넘어, 서울을 뉴욕과 나란히 서는 세계의 중심으로 만들겠다는 선언이었다.

이 구상이 놀라운 건, 그가 판을 읽는 방식 때문이다.
지금 대한민국은 수도권 집중과 지방 소멸이라는 딜레마에 빠져 있다. 서울을 키우자니 지방이 울고, 지방을 챙기려니 서울의 경쟁력이 떨어진다. 그런데 정원오는 이 난제를 아주 현명하게 비켜 갔다.

"서울의 경쟁 상대는 부산이나 광주가 아닙니다. 서울은 도쿄와 싸우고, 싱가포르와 경쟁해야 합니다."

서울이 국내에서 골목대장 노릇을 할 게 아니라, 밖으로 나가 세계의 거인들과 겨뤄 이겨야 한다는 것이다. 서울이 글로벌 무대에서 돈을 벌어오고, 그 과실이 대한민국 전체로 흐르게 만드는 구조. 이것은 지방 균형 발전을 거스르지 않으면서도 서울을 키울 수 있는 유일한 해법이다.

여기에 정원오는 한 가지 비전을 더 얹는다. 바로 이재명 정부가 그리고 있는 대한민국의 미래 청사진이다. 이재명 정부는 대한민국을 아시아의 AI 허브로 만들겠다는 포부를 가지고 있다. 하지만 그 거대한 계획도 결국 발 디딜 땅이 필요하다. 정원오는 바로 그 땅, 그 심장이 서울이어야 한다고 말한다.

이미 그는 성수동을 대한민국 최고의 혁신 핫플레이스로 키워낸 경험이 있다. 낡은 공장 지대를 젊은 IT 기업과 유니콘 기업이 뛰노는 기회의 땅으로 바꾼 그 감각으로, 서울 전체를 미래 산업의 전진기지로 만들겠다는 전략이다. 서울이 AI와 디지털 대전환의 심장이 되어 펌프질할 때, 그 혈액은 대한민국 구석구석으로 돌아 나라 전체를 젊게 만들 것이다. 이것이 그가 그리는 서울의 역할이다.

이 지점에서 오세훈 시장과의 차이는 극명해진다.
오세훈이 한강에 배를 띄우고 종묘 앞에 고층 빌딩을 올리며 서울의 겉모습을 화려하게 치장할 때, 정원오는 서울이 먹고 살 미래의 지도를 그린다. 한강 르네상스가 보여주기 위한 그림이라면, G2 서울은 서울이 꿈꿔야 할 목표이자 비전이다.

한강의 야경이 예쁘다고 해서 글로벌 기업이 서울로 본사를 옮기지는 않는다. 기업이 움직이는 건 예측 가능한 행정, 튼튼한 인프라, 그리고 혁신적인 비전이 있을 때다. 정원오는 겉치레 대신 서울을 세계에서 가장 기업하기 좋은 도시, 가장 역동적인 도시로 만들어 실력으로 승부하겠다고 말한다.

동네 구청장인 줄만 알았던 사람의 품속에, 사실은 이토록 거대한 비전이 숨겨져 있었다. 그는 성동구의 좁은 골목길을 누비면서도, 시선은 항상 뉴욕과 런던, 파리를 향해 있었던 것이다.

우리는 종종 착각한다. 디테일에 강한 사람은 큰 그림을 못 그릴 거라고. 하지만 진짜 큰 그림은 꼼꼼한 디테일들이 모여 완성된다. 작은 나사 하나까지 챙길 줄 아는 사람만이 거대한 우주선을 띄울 수 있는 법이다.

반지하방의 곰팡이를 걱정하던 그 세심한 마음으로, 이제 그는 서울을 세계의 중심으로 밀어 올릴 준비를 마쳤다. 따뜻한 손, 그리고 멀리 보는 눈. 이 두 가지를 모두 가진 사람을 만나는 건 흔한 일이 아니다.

서울은 이제 뉴욕을 바라본다. 그리고 정원오의 시선은 그 서울을 향해 있다.

CHAPTER 5*
행정에 깃든 철학

최루탄 연기 자욱하던 80년대 후반의 캠퍼스.
시위 도중 친구가 돌에 맞아 앞니 세 개가 부러졌다.
정원오가 주저 없이 나섰다.
학교 앞 찻집을 빌려 일일찻집을 열었다.

"돈이 없어 그냥 이빨 빠진 채로 살까 했는데……
그때 원오가 얼마나 고마웠는지 모른다."

당장 점심값도 없던 어려운 처지에서
다친 친구의 앞니를 먼저 걱정하던 그 마음.
청년 정원오의 그 따뜻한 오지랖은
30년이 지난 지금도 여전히 진행형이다.

EATIVE x SEONG

25*
동네가 핫해지면 쫓겨나야 하는가?

보통의 동네라면 경사가 났다고 할 일이었다.

음침하던 붉은 벽돌 공장 지대에 젊은 예술가들이 들어오고, 낡은 창고가 근사한 카페로 변했다. 주말이면 카메라를 든 사람들이 골목을 가득 메웠다. 죽어가던 동네에 다시 피가 돌기 시작한 것이다.

하지만 그 화려한 부활 뒤편에서, 정작 그곳을 지켜온 사람들은 남몰래 한숨을 쉬었다. '젠트리피케이션'이라는 낯선 단어가 유령처럼 골목을 떠돌기 시작했기 때문이다.

말은 어렵지만 내용은 단순하다. 동네가 좋아지면 임대료가 오른다. 임대료가 오르면 그 동네를 지켜온, 오래된 가게와 원주민이 밀려난다. 누군가는 발전이라고 말하고, 누군가는 내몰림이라고 말한다. 성수동도 이 냉정한 법칙을 피할 수 없었다.

하지만 정원오 성동구청장은 이 법칙에 '함께 사는 길'이라는 예외를 만들고 싶었다. 사실 성수동은 10년 전만 해도 낡은 공장과 다가구 주택이 뒤섞인, 오래된 동네였다. 서울시와 구청은 한때 이곳을 싹 밀어버리고 아파트를 짓는 재개발을 검토했다. 낡은 것을 헐고 새것을 올리는 것, 그게 가장 쉽고 빠른 길이니까.

하지만 정원오는 서두르지 않았다. 혼자 책상 앞에 앉아 결정을 내리는 대신, 사람들을 불러 모으기 시작했다. 도시를 연구하는 교수와 건축가, 평생을 그 골목에서 살아온 터줏대감 어르신들뿐만 아니라, 이제 막 짐을 풀기 시작한 청년 예술가와 스타트업 대표들까지 한자리에 모았다.

그는 묻고 또 물었다.

"이 낡은 공장들을 부수는 게 맞습니까? 아니면 고쳐 쓰는 게 맞습니까?"

토론은 치열했다. 싹 밀고 아파트를 짓자는 의견도 만만치 않았다. 하지만 전문가들과 주민, 그리고 젊은 입주자들의 이야기가 오가며 조금씩 길이 보이기 시작했다. 낡은 것은 흉물이 아니라 세월의 흔적이고, 성수동만의 고유한 매력이라는 것에 공감대가 형성되었다. 그 치열한 논의 끝에 정원오는 결론을 내렸다. 재개발 대신 '도시재생'을 택한 것이다.

그렇게 붉은 벽돌은 살아남았다. 하지만 문제는 그다음이었다. 동네가 뜨자 어김없이 자본이 몰려들고 임대료가 치솟았다. 2015년, 정원오는 전국 최초로 젠트리피케이션 방지 조례를 만들고, 건물주들을 설득해 상생 협약을 맺었다.

하지만 이런 노력에도 불구하고 자본의 파도는 거셌다. 끝내 버티지 못하고 밀려나는 이들이 생겼다. 그때 정원오가 내놓은 마지막 대안이 바로 '성동 안심상가'다.

보증금도 없고, 권리금도 없다. 5년 동안 임대료 오를 걱정이 없고, 원하면 10년까지 한자리에서 장사할 수 있다. 게다가 월세는 주변 시세의 절반 수준이다. 남의 건물에 세 들어 사는 상인들에겐 꿈같은 이야기다. 그런데 그 꿈을 현실로 만든 곳이 있다. 구청이 직접 건물을 사서 임대하는 안심상가다. 이곳에서는 구청장이 조물주보다 높다는 건물주인 셈이다.

이곳에 둥지를 튼 사람들의 사연은 하나하나가 눈물겹다.

성동구청 앞에서 작은 분식집 '윤스김밥'을 하던 윤복순 사장님은 젠트리피케이션의 직격탄을 맞았다. 5년 계약이 끝나자마자 새 건물주가 월세를 110만 원에서 150만 원으로 올려 달라고 했다. 한 번에 40퍼센트를 올린 것이다. 사정도 해보고 법도 알아봤지만 소용없었다. 결국 눈물을 머금고 가게를 접어야 했다.

실의에 빠져 있던 차에 안심상가 공고를 보고 용기를 냈다. 8평 남짓한 새 가게의 월세는 43만 원. 윤 사장님은 "앞으로 5년 동안 쫓겨날 걱정 없이 장사할 수 있다는 것만으로도 힘이 된다"라며 웃었다.

더 기막힌 사연도 있다. 국내 헌책방 1세대이자 서울시가 지정한 서울미래유산인 '공씨책방' 이야기다. 신촌의 명소였던 이곳은 2016년, 새 건물주로부터 날벼락 같은 통보를 받았다. 월세를 130만 원에서 300만 원으로 올려 달라는 것이었다.

감당할 수 없는 금액이었다. 건물주는 소송까지 걸었고, 서울미래유산이라는 명예로운 간판도 건물주의 횡포 앞에서는 아무런 힘이 되지 못했다. 1년 넘게 시달리던 공씨책방은 결국 25년 넘게 지켜온 자리를 떠나야 했다.

갈 곳 잃은 그들을 받아준 곳이 바로 성동 안심상가였다. 11평 남

짓한 공간에 낡은 책과 레코드판을 다시 풀어놓으며, 장화민 대표는 이렇게 말했다.

"주변 시세가 너무 비싸 엄두도 못 냈는데, 이곳 공고를 보고 마음 편히 영업하자는 생각에 신청했습니다. 이제 주변에 서점 하나 없는 이 동네를 헌책방 거리로 만들고 싶어요."

이것은 단순히 몇몇 가게를 구제한 이야기가 아니다. 행정이 마음만 먹으면, 거친 시장 논리 속에서도 사람을 지킬 수 있다는 것을 증명한 사건이었다.

통계는 거짓말을 하지 않는다. 상생 협약을 맺은 성수동 가게들의 평균 영업 기간은 그렇지 않은 곳보다 2년 이상 더 길었다. 임대료 인상률도 확연히 낮았다. 모두가 떠날 수밖에 없다고 체념했던 그 차가운 현실 속에, 성동구는 '상생'이라는 이름의 작은 숨구멍을 틔웠다.

물론 지금도 성수동의 임대료는 오르고 있다. 자본의 거대한 힘을 완벽하게 막을 수는 없다. 하지만 성동구는 포기하지 않고 시즌 2를 준비했다. 성수동 전역으로 관리 구역을 넓히고, 대기업 팝업 스토어의 난립을 조절하며 또다시 균형을 맞추려 애쓰고 있다.

동네가 핫해지면 원주민이 떠나는 것이 세상의 이치라고 말하는 사람들도 있다. 하지만 성동구는 온몸으로 말한다. 동네가 더 좋아져도, 이곳을 지켜온 사람들이 같이 살 수 있는 길은 분명히 있다고. 행정이 할 일은 뒷짐 지고 구경하는 게 아니라, 그 길을 기어코 찾아내 닦는 일이라고.

못 믿겠다면 이번 주말, 성수동 골목을 한번 걸어 보라. 화려한 카페 뒤편, 여전히 자리를 지키고 있는 오래된 붉은 벽돌집과 그 안에서 묵묵히 일상을 이어가는 사람들의 표정을 보면 알 수 있을 것이다. 상생相生. 서로 함께 산다는 그 말이, 성수동에서는 그저 벽에 걸린 좋은 글귀가 아니라 치열한 생존의 방식이자 자부심이라는 것을.

26*
기생충과 헤어질 결심

영화 <기생충>을 본 사람이라면 그 장면을 잊기 어렵다.

장대비가 쏟아지는 밤, 반지하 창으로 시커먼 물이 폭포처럼 들이닥치고 변기가 역류한다. 사람들은 물살에 밀려 허우적거리며 밖으로 탈출한다. 화면은 영화였지만, 그 공포는 명백한 현실이었다.

성동구도 예외가 아니었다. 비만 오면 반지하 이웃들은 밤새 창문을 붙들고, 배수구를 긁고, 양동이로 쉴 새 없이 물을 퍼 날라야 했다. 다음 날 아침엔 아무 일 없던 듯 젖은 옷을 말려 입고 출근했지만, 그것은 오래된 일상이자 서글픈 체념이었다.

정원오 구청장은 그 보기 힘든 장면을 지우고 싶었다. 누군가에게는 낭만인 빗소리가, 누군가에게는 공포가 되어서는 안 된다고 생각했다.

그는 평소 단호하게 말해왔다.

"반지하는 본래 주택이 아닙니다."

애초에 사람이 살라고 만든 곳이 아니었다. 짐을 두거나 보일러를 두던 창고였고, 방공호였다. 하지만 도시가 팽창하고 가난한 이들이 밀려나면서, 그 어둡고 습한 공간은 '집'이라는 이름을 달게 되었다. 그는 이것을 비정상이라고 봤다. 사람이 살 곳이 아니기에 없애는 것이 맞지만, 당장 갈 곳 없는 사람들을 거리로 내몰 수는 없는 노릇이었다.

그래서 그는 두 가지 원칙을 세웠다. 사람이 사는 동안은 안전하게 지켜줄 것, 그리고 언젠가는 지상으로 올라오게 도울 것. 단순한 지시 사항이 아니라 현장에서 시작했다.

2022년 여름, 성동구 공무원과 건축사들이 반지하 주택을 한 집, 한 집 찾아가 문을 두드렸다. 서울시조차 포기했던 전수조사를 구 단위로 강행한 것이다. 물길이 어디로 드나드는지, 창턱이 얼마나 낮은지, 하수관이 얼마나 낡았는지, 그 집에 거동이 불편한 어르신이나 아이가 사는지를 꼼꼼히 살폈다.

그렇게 4,777가구의 반지하 지도가 만들어졌다. 그리고 등급이 매겨졌다. 당장 위험한 곳, 조금만 손보면 되는 곳, 장기적으로 이주가 필요한 곳. 지도가 완성되자 정원오는 망설임 없이 집수리 패키지를 풀었다.

가장 위험한 집, 여유가 없어 고칠 엄두를 내지 못하는 집부터였다. 현관에는 물막이판을 달고, 하수구에는 역류 방지 장치를 끼웠다. 낮은 창에는 화재나 침수 때 밖으로 쉽게 탈출할 수 있는 개폐식 방범창을 새로 달았다. 물이 차오르면 요란하게 울리는 침수 경보기도 설치했다.

장비만으로 끝나지 않았다. 눅눅한 공기를 빼주는 스마트 환풍기를 달고, 불이 나면 바로 알 수 있게 화재경보기도 붙였다. 당시 서울시의 다른 구청들이 목표치의 절반도 채우지 못해 쩔쩔맬 때, 성동구는 목표량보다 4배가 넘는 집을 찾아가 고쳐줬다. 몰라서 신청 못 한 집은 두드려서라도 해줬다는 뜻이다.

여기서 끝이 아니었다. 정원오는 집수리보다 더 무서운 것이 세입자들의 마음속 불안임을 알고 있었다.

'집을 고쳐주면 뭐 하나. 집주인이 집값 올랐다고 월세를 올려버리면 결국 쫓겨날 텐데.'

이것은 가난한 이들이 겪는 딜레마였다. 그래서 성동구는 묘수를 냈다. 집주인에게 수리 비용을 지원해 주는 대신, 딱 하나 조건을 걸었다. '앞으로 5년 동안 월세를 올리지 않겠다'라는 약속이었다.

이 약속은 강력했다. 집주인은 내 돈 안 들이고 집을 고쳐서 좋고, 세입자는 침수 걱정 없이, 그리고 쫓겨날 걱정 없이 5년이라는 시간을 벌게 된 것이다. 이 5년은 세입자가 돈을 모으고, 더 나은 곳으로 이사를 준비할 수 있는 소중한 시간이 되었다.

그해 여름, 다시 장마가 찾아왔다. 하지만 풍경은 달랐다. 창문 앞 모래주머니가 사라지고, 대신 단단한 물막이판이 버티고 섰다. 역류하던 욕실 바닥은 잠잠했다. 달라진 것은 비단 집의 풍경만이 아니었다. 성동구가 주거 정책 포럼에서 발표한 자료에 따르면, 이 사업에 참여한 주민들의 주거 스트레스 지수는 8.55점에서 3.6점으로 절반 넘게 뚝 떨어졌다. 반면 미래에 대한 기대감과 동네에 대한 자부심은 크게 올랐다.

전국의 연구자들은 이 결과를 두고 이렇게 평가했다.
"성동구는 낡은 집만 고친 게 아니다. 불안에 떨던 사람들의 마음을 고쳤고, 무너져 가던 공동체를 다시 세웠다."

하지만 아무리 고쳐도 사람이 살아서는 안 되는 곳도 있었다. 허리를 굽혀야 겨우 들어갈 수 있는 가장 위험한 등급의 반지하. 정원오는 그런 곳에는 수리 대신 이주를 제안했다.

"더 이상 여기서 사실 수 없습니다. 안전한 곳으로 모시겠습니다."

구청이 나서서 이사할 집을 알아봐 주고, 보증금 대출 이자와 월세를 지원했다. 정든 동네를 떠나기 싫어하던 주민도, 구청의 설득 끝에 인근의 쾌적한 지상층으로 옮겼다. 평생 곰팡이 냄새 맡으며 살 줄 알았는데, 이제야 사람답게 사는 것 같다며 눈시울을 붉혔다.

사람이 떠난 그 반지하방은 다시 세를 놓지 않았다. 누군가가 또다시 그 위험 속으로 들어오는 걸 막기 위해서였다. 대신 깨끗하게 수리해 동네 주민들이 쓰는 창고나 커뮤니티 공간으로 바꿨다. 어둠이 고여 있던 방이, 이웃들이 오가는 사랑방으로 변신한 것이다.

비가 오기 전에 먼저 움직이는 습관도 만들었다. 장마 예보가 있으면 공무원과 자원봉사자가 짝을 지어 반지하 어르신댁 문을 두드렸다. 혼자 사는 분들에게는 문고리에 안부 카드를 걸어두고, 연락이 안 되면 바로 달려갔다. 이 촘촘한 연결망이 기계보다 더 강력한 방파제가 되었다.

성동구의 이 집요한 노력은 결국 대한민국 주거 안전의 표준이 되었다. 행정안전부는 성동구의 사례를 전국에 모범 사례로 전파했고, 대통령상까지 주며 그 공로를 인정했다. 하지만 상보다 더 값진 건, 비 오는 밤 편안하게 잠든 주민들의 숨소리였다.

가난하다고 해서, 반지하에 산다고 해서 재난 앞에 발가벗겨져서는 안 된다는 믿음. 그 믿음이 성동구 가장 낮은 방에도 평온한 잠을 선물했다.

27*
길이 없으면 만들면 된다

처음엔 길이 없었다.

새로 들어선 아파트 단지와 언덕 위의 오래된 동네는 섬처럼 고립되어 있었다.
마을버스 노선이 닿지 않아, 아침마다 주민들은 까마득한 정류장까지 걸어가거나 급하게 택시를 불러야 했다.

"비 오는 날 아이 등교시키기가 제일 막막해요."

"병원 한 번 가려면 택시비가 더 나와요."

주민들의 하소연은 끊이지 않았다. 구청은 서울시에 마을버스 증차를 요청했지만, 예산과 규정을 이유로 어렵다는 차가운 답만 돌아왔다. 보통의 행정이라면 여기서 멈췄을 것이다. 서울시가 안 된다고 하니 어쩔 수 없다고 말하면 그만이니까.

하지만 정원오는 멈추지 않았다. 길이 막히면, 새로운 길을 뚫으면 된다고 생각했다.

그가 문제를 해결하기 위해 들여다본 것은 버스가 아니라 사람이었다. 마을버스가 띄엄띄엄 오는 진짜 이유는 차가 없어서가 아니라, 운전할 사람이 없어서였다. 일이 고된 데 비해 월급이 너무 적어, 기사들이 배달이나 택배로 빠져나갔기 때문이다. 배차 간격은 20분, 30분, 심하면 1시간까지 벌어졌다. 정류장에 서 있는 사람들의 하루도 그만큼 길어졌다.

정원오는 결단을 내렸다.

"기사님들이 떠나지 않게 구청이 월급을 보태주자."

전국 최초의 시도였다. 최저임금 수준인 기사들의 월급을 성동구 생활임금 수준으로 맞춰주기 위해 매달 약 32만 원을 지원했다. 여기서 그치지 않고, 이들을 우리 사회를 지탱하는 필수노동자로 인정해 월 30만 원의 수당을 더 얹어줬다. 조건은 단 하나였다. 시민의 안전을 최우선으로 할 것. 배차 간격을 지키고 난폭운전을 하지 않겠다는 약속을 받았다. 변화는 생각보다 빨리 찾아왔다.

CHAPTER 5. 행정에 깃든 철학

"기사님들이 떠나지 않게 구청이 월급을 보태주자."
변화는 생각보다 빨리 찾아왔다. 떠나려던 기사들이
다시 운전대를 잡았고, 텅 비어 있던 차고지가 채워지고,
30분이 넘던 배차 간격이 10분대로 줄어들었다.

떠나려던 기사들이 다시 운전대를 잡았고, 다른 구로 갔던 기사들이 성동구로 돌아왔다. 텅 비어 있던 차고지가 채워지고, 30분이 넘던 배차 간격이 10분대로 줄어들었다. 기사님들의 표정이 밝아지자, 승객들의 아침도 달라졌다.

하지만 정원오의 실험은 여기서 끝나지 않았다. 여전히 민간 버스 회사가 수익성을 이유로 외면하는 사각지대가 남아 있었기 때문이다. 그래서 내놓은 두 번째 카드가 바로 성공버스다.

성동구 공공 셔틀비스의 줄임말인 성공버스는 구청이 직접 차를 빌리고 기사를 고용해 운영하는 완전 공공 버스다. 물론 과정이 순탄치만은 않았다. 기존 마을버스 업체들은 걱정이 태산이었다. 무료 버스가 다니면 가뜩이나 없는 손님이 더 줄어들어 망하는 것 아니냐는 우려였다. 정원오는 포기하지 않고 마을버스 조합을 찾아가 설득했다.

"기존 노선과 겹치지 않게 하겠습니다. 수익이 나는 큰길이 아니라, 버스가 없어서 주민들이 고생하는 좁은 골목과 언덕만 골라 다니겠습니다."

끈질긴 설득 끝에 합의점을 찾았고, 그렇게 버스가 다니지 않던 사근동, 마장동, 용답동의 가파른 언덕길에 노선이 그려졌다. 결과는 모두의 예상을 뒤엎었다. 성공버스가 골목 깊숙한 곳에 사는 주민들을 실어 나르기 시작하자, 오히려 마을버스를 타는 사람까지 덩달아 늘어난 것이다. 성공버스에 타고 큰길로 나온 주민들이 다시 마을버스로 갈아타 이동했기 때문이다. 내 밥그릇을 뺏길까 걱정했던 버스 회사들도, 이동이 편해져 신이 난 주민들도 모두 웃게 된 기적 같은 상생이었다.

성공버스가 다니기 시작한 날, 언덕길에 사는 한 주민은 이렇게 말했다.

"예전에는 언덕을 20분씩 걸어 내려가서 버스를 탔어요. 다리가 아파서 병원 가는 것도 일이었죠. 그런데 이제는 성공버스만 타면 바로 환승이 돼요. 병원 가는 길이 얼마나 수월해졌는지 몰라요."

정원오는 늘 말한다.

"촘촘한 교통망이 곧 복지입니다."

그에게 교통은 단순한 이동 수단이 아니다. 그것은 누구도 소외되지 않을 권리다. 돈이 안 된다고 노선을 없애고, 힘들다고 기사를 방치하면 결국 피해는 다른 대체 수단이 없는 가장 약한 사람들에게 돌아간다. 그는 시장 논리에 맡겨두었던 대중교통의 빈틈을 공공의 책임으로 꼼꼼하게 메웠다.

이제 성동구의 아침 풍경은 달라졌다. 정류장에는 제시간에 버스가 도착하고, 기사님은 여유 있게 인사를 건네며, 아이들은 늦지 않게 학교에 간다. 꼬불꼬불한 언덕길에는 주황색 성공버스가 부지런히 오르내린다.

길이 없으면 만들면 된다. 하지만 그 단순하면서도 무거운 진리를 실천하는 사람은 그리 많지 않다.

28*
보수야, 진보야?

가끔 사람들이 묻는다.
"정원오는 보수예요, 진보예요?"

헷갈릴 법도 하다. 그는 자신의 정치색을 요란하게 드러내지 않는다. 남들이 정치적 이슈로 광장에서 마이크를 잡을 때 그는 조용히 민원 현장으로 달려갔고, 거친 구호를 외칠 때 꼼꼼하게 행정 문서를 챙겼다. 그래서 누군가는 그를 색깔 없는 행정가라고 부르고, 누군가는 중도 실용주의자라고 부른다.

하지만 되묻고 싶다. 도대체 진보란 무엇인가. 목소리가 커야 진보인가, 아니면 가장 낮은 곳에 있는 사람의 손을 잡아 주는 사람이 진보인가.

2020년 초부터 시작된 코로나는 우리의 일상을 완전히 멈춰 세웠다. 우리는 모두 두려움에 떨며 집 안으로 숨었다. 거리는 텅 비었고 가게 문은 닫혔다. 하지만 그 공포 속에서도 누군가는 쓰레기를 치워야 했고, 택배 상자를 날라야 했고, 아픈 어르신을 돌봐야 했다. 이들이 멈추면 도시가 마비되기 때문이다.

그때까지 우리 사회는 그들을 비숙련 노동자나 단순 노무직이라 부르며 투명 인간 취급했다. 재난이 닥쳐도 보호 장비는커녕 마스크 한 장 받지 못한 채 맨몸으로 바이러스와 싸워야 했다.

그때 정원오는 전국 최초로 조례를 만들고, 그들에게 필수노동자라는 새로운 이름을 붙여 주었다.

"당신들이 있어서 우리가 안전하게 살 수 있습니다. 당신들은 우리 사회에 없어서는 안 될 필수적인 사람들입니다."

이름만 붙인 게 아니었다. 그는 당장 예산을 헐어 마스크와 손 소독제를 쥐어 주고, 독감 예방 접종을 무료로 놔드렸다. 그리고 추운 겨울, 새벽 거리를 청소하는 노동자들의 언 어깨에 따뜻한 방한 조끼와 장갑을 챙겨 드렸다.

그 조끼는 단순한 옷이 아니었다. 우리 사회가 그동안 잊고 있던 노동의 가치에 대한 존중이자, '당신은 혼자가 아닙니다'라는 뜨거운 연대의 표시였다.

여름이 오자 이번에는 쿨링 조끼를 준비했다. 땡볕 아래에서 아스팔트 열기를 온몸으로 받아내는 공공근로 어르신들과 배달 노동자들을 위해서였다. 조끼 안에는 시원한 냉매 팩이 들어 있어 체온을 낮춰 준다. 남들이 에어컨 바람 쐴 때 땀 흘려 일하는 사람들의 건강을 챙기는 것, 그것이 정원오식 행정이었다.

이 작은 조끼에서 시작된 변화는 놀라웠다. 성동구의 조례는 청와대를 움직였고, 결국 국회를 통과해 필수업무 종사자 보호법이라는 대한민국의 법이 되었다. 한 구청장의 따뜻한 시선이 나라의 법을 만든 것이다.

반지하 주택을 한 집 한 집 찾아가 물막이판을 설치해 준 일, 배회하는 치매 어르신의 신발 속에 위치 알림 장치를 넣어 드린 일, 그리고 필수노동자에게 조끼를 입혀 드린 일. 이 모든 일의 공통점은 하나다. 가장 약하고 소외된 사람들을 위해 제도를 만들고, 예산을 쓰고, 기어코 삶을 변화시킨다는 것.

진보의 본질이 더 나은 세상을 위해 함께 나아가는 것이라면, 정원오야말로 가장 뿌리 깊은 진보주의자가 아닐까. 그는 이념의 깃발 대신 사람을 위한 우산을 들었고, 구호 대신 조끼를 입혔다.

사실 어느 진영 사람이냐는 중요하지 않다. 중요한 건 그가 누구의 편에 서서 어떻게 실천했느냐다. 정원오는 언제나 가장 낮은 곳, 가장 아픈 곳에 서 있었다. 그래서 그는 진짜 진보다. 보수도, 중도도 인정하고 사랑할 수밖에 없는, 진짜배기 진보.

진보의 본질이 더 나은 세상을 위해
함께 나아가는 것이라면,
정원오야말로 가장 뿌리 깊은 진보주의자가 아닐까.

29*
구청이 상주가 되던 날

어느 날 구청장실로 서류 한 장이 올라왔다. 무연고 사망자 처리 명세서였다.

가족이 없거나, 있어도 가난 때문에 시신 인수를 포기해 장례 없이 떠나보낸 사람들의 기록이었다. 그동안 우리 사회에서 이들의 죽음은 그저 '처리'해야 할 행정 업무에 불과했다. 별도의 빈소도 없이, 영정 사진 하나 놓지 못한 채 안치실 냉동고에 머물다 화장터로 직행했다.

더 충격적인 것은 그 과정이었다. 연고가 없는 시신은 법적으로 '시신'이 아니라, 병원에서 나오는 주사기나 붕대와 같은 '의료 폐기물'로 분류되어 처리되곤 했다. 평생을 외롭게 살았는데, 마지막 가는 길마저 폐기물 취급을 받으며 한 줌의 재로 산골^{뿌려짐}

되는 삶. 그것은 너무나 시리고 아픈 현실이었다.

정원오는 서류를 덮으며 생각했다. 이분들도 한때는 누군가의 소중한 부모님이고, 귀한 아들딸이었을 텐데. 가난하다고 해서, 혼자라고 해서 삶의 마지막 이별조차 이렇게 초라하고 비참해야 하는가. 그는 이것을 우리 사회의 직무 유기라고 느꼈다.

구청장이라는 자리, 그리 높은 자리는 아니지만 엄연히 선출직이다. 4년마다 유권자들에게 냉정한 성적표를 받아야 하는 사람이다. 그러니 보통은 티가 나는 일, 당장 표가 되는 일에 집중하기 마련이다.

반면 무연고 사망자의 장례를 챙기는 일은 솔직히 말해 표가 되는 일은 아니다. 산 사람한테 쓰기도 벅찬 세금을 왜 죽은 사람에게 쓰냐는 핀잔을 들을 수도 있고, 자칫 님비 심리를 자극할 수도 있는 예민한 문제다. 누구나 알고 있는 현실이지만, 누구도 굳이 들추고 싶어 하지 않는 도시의 그늘이다. 정치적인 계산기를 두드려 봤다면, 이 사업은 조용히 덮어두는 게 상책이었을지도 모른다.

하지만 정원오는 계산기를 밀어두고 마음을 쓰기로 했다.
2018년, 성동구는 전국 최초로 공영 장례 조례를 만들었다. 돈만 지원하는 게 아니라, 구청 직원이 직접 상주가 되어 빈소를 지키기로 했다.

장례식장에 빈소가 차려졌다. 국화꽃이 놓이고, 향이 피어올랐다. 낯선 조문객을 맞이하는 영정 사진 앞에는 검은 양복을 입은 구청 직원들이 상주 완장을 차고 섰다.

그런데 예상치 못한 일이 벌어졌다. 우려했던 비난 대신, 조용한 위로가 번져나가기 시작했다. 소식을 들은 동네 주민들이 하나둘 장례식장을 찾았다. 종교 단체 봉사자들이 와서 술을 따르고 절을 올렸다. 그들은 고인을 전혀 몰랐지만, 마치 내 이웃을 보내듯 정성껏 마지막을 배웅했다.

진심이 통했던 것일까. 주민들의 반응은 반대가 아니라 깊은 안도였다.

"나 혼자 살다가 죽으면 어떻게 하나 늘 무서웠는데, 구청이 챙겨준다니 마음이 놓인다."

"세금은 보도블록 뒤집는 데가 아니라 이런 데 쓰라고 내는 거다."

특히 혼자 사는 어르신들의 눈시울이 붉어졌다. 그것은 남의 이야기가 아니라, 언젠가 다가올 나의 이야기였기 때문이다. 내가 세상에서 사라질 때, 적어도 누군가는 나를 기억해 주고 배웅해 줄 것이라는 믿음. 그 믿음은 죽은 자가 아니라 살아 있는 사람들의 오늘을 위로했다.

이 따뜻한 변화는 성동구 안에만 머물지 않았다. 성동구의 사례가 알려지면서 서울시 전체, 그리고 전국의 다른 지자체들도 하나둘 공영 장례 조례를 만들기 시작했다. 언론은 이를 두고 '행정이 차가운 숫자가 아니라 사람의 온기를 품을 때 어떤 변화가 일어나는지 보여준 사례'라고 평가했다.

성동구에서 피어오른 작은 향불 하나가 대한민국 전체의 장례 문화를 바꾼 셈이다. 구청이 상주가 되던 날. 성동구는 단순한 행정 기관을 넘어, 서로의 마지막을 지키는 든든한 울타리가 되었다.

자리를 지키기 위해 일하는 사람이 아니라, 사람을 지키기 위해 자리를 쓰는 사람. 그런 사람이 곁에 있다는 사실만으로도, 이 팍팍한 도시가 조금은 더 살만해지지 않을까.

30*
어깨를 내어주는 일

서울은 점점 조용한 도시가 되어 가고 있다.

텅 빈 놀이터의 그네는 바람에만 흔들리고, 골목에서 아이들의 뜀박질 소리를 듣기가 귀해졌다. 정부는 아이를 낳으면 얼마를 주겠다며 숫자를 내걸지만, 정작 젊은 부부들의 표정은 밝지 않다.

그들이 망설이는 건 단순히 통장의 잔액 때문만은 아니다. 태어나는 순간부터 시작될 끝없는 경쟁, 그 숨 막히는 레이스에서 내 아이가 상처받지 않을까 하는 두려움 때문이다. 그리고 그 경쟁을 뒷바라지할 수 있는 부모가 과연 될 수 있을까 하는, 막막한 두려움이 더 크다.

'아이를 낳는 순간 내 삶은 사라지고, 아이의 매니저로 살아야 하

그는 보육 특별 구를 선언했다.
거창한 구호가 아니라, 부모의 짐을 조금이라도
대신 들어주겠다는 약속이었다.

는 건 아닐까.'

사실 구청장이라는 자리는 이 거대한 불안을 해결하기엔 턱없이 작은 자리다. 입시 제도를 바꿀 권한도, 부동산 가격을 잡을 힘도, 막대한 예산을 쏟아 부을 지갑도 없다. 보통의 정치인이라면 이건 국가가 할 일이라며 한발 물러섰을지도 모른다.
하지만 정원오는 그러지 않았다. 그는 그 한계 속에서도 어떻게든 비빌 언덕을 만들어 보려 애썼다.

'경쟁을 없앨 수는 없어도, 적어도 이 동네 안에서만큼은 부모가 외롭지 않게, 아이가 차별받지 않게 할 수는 있지 않을까.'

그래서 그는 보육 특별 구를 선언했다. 거창한 구호가 아니라, 부모의 짐을 조금이라도 대신 들어주겠다는 약속이었다. 가장 먼저 챙긴 건 부모들이 가장 미안해하는 시간, 등하굣길이었다. 맞벌이 부모에게 아이의 등하교는 매일이 전쟁이다. 회사에 있는 동안 아이가 혼자 걷다 사고라도 나지 않을까, 마음은 늘 학교 앞을 서성인다.

정원오는 워킹 스쿨버스를 만들었다. 노란 조끼를 입은 교통안전지도사가 정해진 시간에 약속 장소로 나가 아이들을 모은다. 그리고 학교까지 안전하게 데려다준다.

"자, 손 들고 건너자. 차 조심하고!"

지도사의 손을 잡고 조잘대며 걷는 아이들의 뒷모습은 마치 병아리 떼 같다. 스마트폰 앱으로 아이가 학교에 잘 도착했다는 알림이 뜨면, 회사에 있는 엄마 아빠는 비로소 꽉 쥐고 있던 마음을 놓는다. 이것은 단순한 통학 지원이 아니다. 부모의 죄책감을 덜어주는 마음의 처방전이다.

어린이집 문제도 정공법으로 뚫었다. 비싼 사립 유치원에 보내지 못해 미안해하는 부모가 없도록, 아파트 단지 내 어린이집을 구립으로 바꾸고 낡은 주택을 매입해 국공립 어린이집을 지었다. 그 결과 성동구의 국공립 이용률은 서울시 평균을 훌쩍 넘어 64%까지 치솟았다. 부모의 지갑 두께와 상관없이, 모든 아이가 질 좋은 돌봄을 받을 권리를 찾아준 셈이다.

하지만 아이 키우는 일이 어디 어린이집만 보낸다고 끝나던가. 갑자기 아이가 열이라도 나면 맞벌이 부모는 발을 동동 구른다. 당장 연차를 낼 수도 없고, 늙으신 친정엄마에게 또 부탁하기도 죄송한 난감한 상황. 그때 우리 아이 안심 동행센터가 나선다.

전문 교육을 받은 돌봄 선생님이 아이를 데리고 병원에 가고, 진료를 받고, 약을 타서 집에 데려다준다. 병상 곁에서 아이를 돌봐

주기도 한다. 아픈 아이 곁을 지키지 못해 죄인처럼 울먹이던 엄마들에게, 이 센터는 단순한 서비스가 아니라 구세주다.

비싼 장난감을 매번 사주기 부담스러운 부모들을 위해 구청이 장난감을 빌려주는 장난감 세상도, 독박 육아에 지친 엄마들이 모여 서로의 아이를 봐주며 수다를 떠는 공동육아방도 같은 마음에서 나왔다.

제한된 예산과 권한을 쥐고, 어떻게든 아이 키우는 집의 문턱을 낮춰 보려 동분서주하는 그의 모습이 눈앞에 그려져 어딘가 짠한 마음이 든다. 그는 알고 있는 것이다. 부모들에게 진짜 필요한 건 몇 푼의 지원금이 아니라, 당신 혼자 키우게 두지 않겠다는, 든든한 기댈 곳이라는 사실을.

정원오는 늘 말한다.

"아이 하나를 키우려면 온 마을이 필요하다는 말이 있죠. 이제는 구청이 그 마을이 되어야 합니다."

작은 구청장 자리에서도 이렇게 치열하게 부모의 마음을 헤아리는 사람.
만약 이런 사람이 서울을 책임지는 큰 자리에 오르게 된다면, 삭

막해지는 이 도시 어딘가에 다시 아이들의 해맑은 웃음소리가 들려오지 않을까. 아이 낳는 일이 축복까지는 아니더라도, 적어도 덜 무서운 일이 되지는 않을까.

CHAPTER 6*
스며들게, 물들게

'일은 끝나기 전까지는 늘 불가능해 보인다.'
넬슨 만델라가 남긴 말이다.

최근 뉴욕시장 선거에서 기적을 만든 젊은 정치인,
맘다니가 승리의 순간에 인용해 화제가 되기도 했다.
모두가 계란으로 바위 치기라 했지만,
그는 보란 듯이 거대한 벽을 넘었다.

지금 정원오를 향한 시선도 비슷하다.
그는 모두가 벽이라고 느꼈던 곳에 기어이 문을 내어 왔다.

그리고 그는 지금도,
그저 묵묵히 자신의 걸음을 옮기고 있다.
늘 그랬던 것처럼.

31*
부족함을 아는 지혜

'너무 칭찬 일색 아니야?'

여기까지 읽은 독자라면 아마 이런 생각을 했을지도 모른다.

맞다. 성동구에서 증명된 생활 행정, 내 편, 네 편을 가리지 않는 확장성, 갈등을 줄이는 지혜, 그리고 기적 같은 교차투표까지. 모두 사실이고 필요한 이야기였다. 하지만 큰 자리를 꿈꾸는 사람일수록 강점만 나열하는 글은 왠지 믿음이 가지 않는다. 세상에 완벽한 사람은 없다.

차이는 자신의 부족함을 숨기느냐, 아니면 알고 인정하느냐에 있다. 부족함을 모른 척하는 사람보다, 부족함을 아는 사람이 더 멀리 간다. 그래서 이 장에서는 정원오의 약점과 남은 숙제들을 일

부러 꺼내 놓는다. 흠집을 내려는 게 아니라, 앞으로 채워야 할 빈칸을 미리 그려 보기 위해서다.

첫째, 큰 정치 무대에서의 경험이 부족하다.
정원오의 이력서 중심에는 늘 '성동구'가 있다. 비교적 적은 예산과 조직을 손에 쥐고, 생활에 밀착된 과제를 밀어붙여 온 사람이다. 여의도 국회나 중앙정부의 요직을 거친 정치인들과는 출발선이 다르다. 이 점은 분명 장점이기도 하다. 정치 논리보다 주민의 불편을 먼저 보는 감각은 여기에서 나왔으니까.

그러나 서울시장 선거라는 거대한 무대에서는 약점이 될 수도 있다. 서울시장은 전국의 정치 이슈가 소용돌이치는 자리다. 아직 그런 급의 선거를 치러 본 적 없는 후보는 후반으로 갈수록 경험의 차이를 느낄 수밖에 없다. 이 낯섦을 어떻게 극복할 것인가, 이것이 첫 번째 숙제다.

둘째, 조직의 힘이 약하다.
선거는 시민 한 사람 한 사람의 마음을 얻는 일인 동시에 조직의 싸움이기도 하다. 여론조사가 아무리 잘 나와도, 결국 표를 투표소까지 데리고 가는 힘은 사람과 조직에서 나온다. 정원오는 민주당 안에서 뚜렷한 계보도, 팬덤도, 전국을 묶는 조직도 거의 없다. 누구의 정치적 후계자로 불리지도 않고, 특정 파벌의 대장이 되어 본 적도 없다.

성동구에서는 이 점이 오히려 장점이었다. 누구 라인이 아니라 오직 '일 잘하는 구청장'으로 평가받았으니까. 물론 앞서 말했듯 그를 겪어본 성동구민들의 절대적인 지지가 있다.

하지만 서울시 전체라는 거대한 판을 흔들기에는 아직 그 범위가 좁다. 공천 과정에서부터 선거 막판 총력전까지, 조직력이 승패를 가르는 순간이 온다. 그때 정원오를 끝까지 밀어줄 우군은 얼마나 있는가. 이 질문에 대한 답은 아직 충분하지 않다. 앞으로 그가 스스로 만들어 가야 할 부분이다.

셋째, '성동구의 성공'이 서울 전체에서도 통할까?
작은 곳에서의 성공이 큰 곳에서의 성공을 보장하지 않는다는 사실을 우리는 역사에서 배웠다. 이명박 전 대통령은 서울시장 시절 청계천 복원과 버스전용차로 도입으로 압도적인 지지를 얻었고, 그 여세로 대통령에 당선됐다. 그러나 임기 전체에 대한 평가는 전혀 다른 방향으로 흘렀다. 4대강 사업, 측근 비리, 사회적 갈등의 심화 등으로 인해 지금 그는 많은 시민에게 실패한 대통령으로 남아 있다.

성동구도 그렇다. 성동구에서의 성과와 실험은 분명 값지다. 하

지만 성동구는 면적이 작고 주민들 사이의 관계가 촘촘해서 변화가 빠르다. 반면 서울 전체는 서로 다른 25개 구, 1천만 명에 가까운 시민, 이해와 갈등이 중첩된 거대한 도시다.

성동구에서 가능했던 속도와 단순함이 서울시 전체에서는 구조적으로 느려질 수밖에 없다. 구청장으로서 직접 뛰어다니며 만들어낸 효능감을, 수만 명의 공무원 조직과 복잡한 절차를 거쳐야 하는 서울시 시스템 안에서 그대로 재현하는 일은 전혀 다른 차원의 과제다. 성동구에서 통했던 방식 중 무엇을 가져가고, 무엇을 새로 설계해야 하느냐는 질문이 정면으로 남아 있다.

넷째, '착한 리더십'의 한계는 없을까?
정원오는 갈등을 조정하고 타협하는 데 능하다. 웃으며 설득하고, 끝까지 들어주는 것이 그의 주무기다. 하지만 서울시장이라는 자리는 때로는 누군가의 거센 반대를 무릅쓰고 결단을 내려야 하는 자리다.

이해관계가 첨예하게 부딪힐 때, 웃음과 설득만으로 해결되지 않는 순간이 반드시 온다. 그때 그는 '미움 받을 용기'를 낼 수 있을까. 모두에게 좋은 사람이 되려다가 아무것도 결정하지 못하는 햄릿이 되지는 않을까. 착한 행정가를 넘어, 때로는 단호하게 '아니오'라고 말할 수 있는 강단 있는 승부사로서의 면모를 보여줘야 한다.

결국 정리하면 이렇다.
정원오는 분명 강점이 많은 후보지만, 약점이 없는 후보는 아니다. 큰 선거 경험의 공백, 당내 조직력의 취약함, 성동구 경험의 확장 가능성에 대한 물음표, 착한 리더십에 대한 우려.

하지만, 이 목록은 그를 포기해야 할 이유가 아니라, 앞으로 채워야 할 과제다. 부족함을 아는 것 자체가 이미 하나의 능력이다. 약점을 모르는 사람은 방심하고, 약점을 아는 사람은 대비한다. 서울시장을 꿈꾸는 정원오에게 필요한 것은 성동구에서 잘했다는 자부심만이 아니다. 어디까지는 자신 있고, 어디서부터는 더 배워야 하는지를 스스로 인정하는 용기다.

작은 곳에서의 성공이 큰 곳에서의 성공을 자동으로 보장하지 않는다는 사실을 받아들이는 데서 다음 장면이 시작된다. 부족함을 아는 지혜를 가진 사람만이, 그 부족함을 채워 갈 힘도 얻을 수 있다.

32*
쫄지마, 오바!

김어준은 왜 인기가 있을까.

사람마다 이유는 다르겠지만, 무엇보다 '재미가 있어서' 아닐까.

덥수룩한 털보 외모도 특이하고, 점잖은 척 돌려 말하지 않고 핵심을 찌르는 화법도 시원하다. 무엇보다 그는 딱딱하고 건조한 뉴스를 마치 흥미진진한 무협지나 만화처럼 풀어내는 재주가 있다. 그의 방송을 듣고 있으면 정치가 골치 아픈 싸움이 아니라, 다음 편이 기다려지는 드라마가 된다.

한때 딴지일보에서 기자로 활동한 적이 있다. 상근직은 아니었지만, 몇 번 저녁 자리에서 그와 밥을 먹을 기회가 있었다. 그런데 사석에서 본 김어준은 방송과는 딴판이었다. 술은 입에도 대지

"원오요? 걔가 얼마나 웃긴 놈인데요."
안 되는 이유가 수백 가지인 일들 앞에서,
리더마저 심각한 표정으로 굳어 있으면 조직 전체가
얼어붙는다. 그럴 때 필요한 게 바로 유머와 낙관이다.

않았고, 낯도 가렸다. 말수도 적고 어찌 보면 소심해 보이기까지 했다. 마이크 앞에서는 세상 무서운 것 없어 보이는 사람이, 여러 사람이 모인 자리에서는 조용히 밥만 먹었다.

어쩌면 방송에서 그가 외치던 '쫄지마'라는 주문은, 소심했던 자기 자신에게 거는 최면이었을지도 모른다. 그는 대중을 위해 기꺼이 자신의 내성적인 성격을 깨고 유쾌한 가면을 썼다.

정원오를 보면 묘하게 그 반대의 지점에서 아쉬움이 남는다. 요즘 텔레비전이나 유튜브에 나오는 정원오는 참 반듯하다. 침착하고, 논리적이고, 예의 바르다. 모범생 답안지처럼 흠잡을 데가 없다. 그런데 솔직히 말하면, 뭔가 조금 심심하다. 국에 소금을 덜 친 것처럼 밋밋하다.

화면 속의 그는 어딘가 모르게 긴장해 보인다. 혹시라도 말실수할까 봐 단어 하나하나를 고르는 기색이 역력하다. 큰 무대가 주는 무게감이 그를 짓누르고 있는 건 아닐까 싶을 정도다.

하지만 그를 아주 오래전부터 지켜본 친구들의 증언은 정반대다.

"원오요? 걔가 얼마나 웃긴 놈인데요."

회의가 길어지고 분위기가 무겁게 가라앉을 때, 툭 던지는 농담 한마디로 공기를 바꾸는 사람이 바로 정원오라고 한다. 꽉 막힌 난관 앞에서도 인상을 쓰기보다는, "일단 한번 해보자"라며 껄껄 웃어넘기는 쾌활함이 그의 진짜 모습이라는 것이다. 주변 사람들은 그를 '차분한 얼굴을 한 분위기 메이커'로 기억한다.

김어준이 내성적인 성격을 감추고 방송을 위해 유쾌해졌다면, 정원오는 본래 가진 그 유쾌함을 방송 앞에서 너무 감추고 있는 셈이다. 그가 카메라 앞에서도 그 본연의 쾌활함을 보여주었으면 좋겠다.

사실 행정이라는 게 골치 아픈 일투성이다. 안 되는 이유가 수백 가지인 일들 앞에서, 리더마저 심각한 표정으로 굳어 있으면 조직 전체가 얼어붙는다. 그럴 때 필요한 게 바로 유머와 낙관이다. 정원오가 성동구에서 수많은 난제를 풀어낼 수 있었던 건 어쩌면 그 특유의 유쾌한 뚝심 덕분이었을지 모른다.

사람들은 완벽한 위인전보다 웃고 떠들며 땀 냄새나는 사람의 이야기에 더 끌린다. 너무 완벽해서 빈틈이 없는 사람보다는 가끔은 농담도 하고 파안대소도 하는 사람에게 마음을 연다. 그를 알면 알수록 참 대단한 사람이라고 느끼는 것도 중요하지만, 동시에 '이 사람 참 재미있네, 같이 밥 한번 먹고 싶네'라는 생각이

들었으면 좋겠다. 겸손하고 점잖은 정원오도 좋지만, 유머까지 갖춘 정원오는 더 매력적일 테니까.

그러니 정원오, 이제 당신의 그 쾌활함을 보여주시라. 당신은 이미 충분히 잘해왔고, 앞으로도 잘할 거니까. 그 거대한 서울이라는 무대 앞에서도,

부디, 쫄지 마시라. 오바!

33*
앞서간 발자국

폭설이 내린 산길을 걸어본 적이 있는가.

변화무쌍한 산의 날씨 때문에 겨울 산행은 늘 위험이 따른다. 올라갈 땐 맑았는데 내려올 땐 폭우가 쏟아지기도 하고, 순식간에 앞이 보이지 않을 만큼 폭설이 쌓이기도 한다. 등산객이 많은 산이라면 괜찮겠지만, 인적 드문 겨울 산이라면 이야기가 다르다. 길도 미끄러운데 어디가 길인지, 어디가 낭떠러지인지 분간조차 되지 않는 하얀 공포.

그 막막한 순간, 눈앞에 앞서간 누군가의 발자국이 보인다면 어떨까. 그것도 방금 지나간 듯 선명하게 나 있다면. 그 반가움은 말로 다할 수 없을 것이다. 그 발자국만 놓치지 않으면, 이 막막한 눈길 속에서도 무사히 목적지까지 갈 수 있다는 단단한 믿음.

정원오에게 이재명은 바로 그 '앞서간 발자국'이다.

냉정하게 말해 정원오는 아직 중앙의 큰 무대에서는 신인에 가깝다. 서울시장이라는 거대한 산을 오르기에는 경험이 부족해 보일 수도 있다. 하지만 걱정할 필요 없다. 그에게는 험한 길을 먼저 뚫고 지나간 훌륭한 길잡이가 있으니까. 오해하지 마시라. 맹목적으로 추종하자는 뜻이 아니다. 우리가 주목해야 할 건 그가 보여준 일하는 근육이다.

시민의 목소리를 어떻게 듣고, 그 이야기를 어떻게 숨기지 않고 테이블 위로 공론화시키는지, 서로 다른 의견을 어떻게 모아 하나의 결론으로 만들고, 한번 결정한 일을 얼마나 우직하게 끝까지 밀고 나가는지, 정원오에게 아직 부족한 그 단단한 근육을 선배의 어깨너머로 배우자는 것이다.

가장 먼저 배워야 할 건 정공법이다.
이재명이 경기도지사 시절 보여준 계곡 정비를 떠올려 보자. 수십 년간 불법 평상들이 계곡을 점령하고 있었지만 누구도 건드리지 못했다. 계곡을 찾은 사람들의 불만과 민원이 빗발쳤지만 다들 손을 댈 엄두조차 내지 못했다. 괜히 잘못 건드렸다가는 벌집만 들쑤신 꼴이 될 게 뻔했기 때문이다.

하지만 그는 정면으로 부딪쳤다. 불법은 안 된다는 원칙을 세우되, 철거한 자리에 공공 쉼터를 만들어 시민들에게 돌려주고, 상인들에게는 합법적으로 장사할 수 있는 길을 열어줬다. 규칙은 칼같이 지키되, 먹고 살 길은 끊지 않는 묘수. 그래서 처음엔 온몸으로 반대하던 상인들조차 이 정리를 탄압이 아니라 질서의 회복으로 받아들였다. 이것은 배짱이 아니라, 문제를 해결하는 가장 확실한 방식이었다.

두 번째는 속도다.
코로나가 터졌을 때 이재명의 대응은 빨랐다. 예측이 어려운 상황에서 필요한 건 장밋빛 설명이 아니라 당장 필요한 조치였다. 특히 특정 종교 집단 사안에서는 책임 당사자를 강하게 압박해 필요한 명단과 자료를 확보했고, 이동형 선별소와 임시 검사 부스를 단기간에 늘려 발열 환자와 무증상자의 동선을 분리해 교차 감염을 최소화했다.

머뭇거리는 대신 과감하게 봉쇄하고, 신속하게 대처했다. 완벽한 계획보다 빠른 결단이 사람을 살린다는 것을 보여준 사례다.

정원오는 꼼꼼하고 신중하다. 그건 장점이지만, 때로는 과감한 결단이 필요할 때 발목을 잡을 수도 있다. 서울시장은 1분 1초를 다투는 재난의 현장 지휘관이기도 하다. 꼼꼼함 위에 신속함을

더해야 한다.

세 번째는 당당한 태도다.
이재명은 미국과의 관세 협상 같은 대외적인 자리에서도 굴하지 않았다. 여기서 배울 점은 명확하다. 첫째, 정부 입장보다 국민 전체의 손익을 기준으로 협상하는 태도. 둘째, 밀실에서 속닥거리지 않고 협상 과정을 국민에게 투명하게 설명하는 자세. 셋째, 아무리 압박을 받아도 물러설 수 없는 선을 미리 정해 두고 끝까지 지키는 일. 넷째, 그러면서도 우방과의 관계를 깨뜨리지 않도록 예의를 지키는 균형 감각이다.

원칙은 단단하게, 과정은 투명하게, 태도는 정중하게. 이 협상 방식은 서울시장이 되어 정부나 거대 기업, 혹은 외부 세력과 맞설 때 정원오가 반드시 참고해야 할 자산이다.

그리고 마지막으로, 가장 중요하게 배워야 할 것이 있다. 바로 위기를 대하는 자세다.

큰 선거를 치르다 보면 반드시 위기의 순간이 찾아온다. 생각지도 못한 곳에서, 아주 작은 일이 불씨가 되어 들불처럼 번지기도 한다. 이재명은 지난 수십 년간 검찰과 상대 진영, 심지어 같은 진영 내부의 공격까지 받아온 사람이다. 수백 번의 압수수색을

당했고, 대법원까지 가며 정치적 생명이 끊어질 뻔한 위기를 숱하게 넘겼다. 아니, 정치적 생명이 아니라 실제로 죽을 뻔한 위기도 겪었다.

그가 그 모진 풍파를 견디고 살아남은 건 단순히 운이 좋아서가 아니다. 그는 예전부터 결벽증이라 불릴 만큼 철저하게 자신과 주변을 관리해 왔다. 털어서 먼지 안 나는 사람 없다지만, 그는 티끌 하나 만들지 않기 위해 자신을 엄격하게 옭아맸다. 그리고 위기의 순간마다 결코 포기하거나 뒤로 숨지 않았다. 오히려 정면으로 돌파하며 자신의 결백과 의지를 증명했다.

선거에 돌입하면 수많은 견제와 공격이 쏟아질 것이다. 그때 필요한 건 흔들리지 않는 멘탈이다. 정원오가 더 큰 정치인으로 성장하기 위해서는, 이재명이 온몸으로 증명해 낸 그 단단한 맷집과 자기 관리의 엄격함을 반드시 자신의 것으로 만들어야 한다.

물론 정원오는 이재명이 아니다. 그가 될 필요도 없다. 서로 다른 스타일이지만, 바라보는 곳은 같다. 바로 시민의 삶이다.

훌륭한 선배에게서 부족한 점을 배우고 채우면서, 정원오는 자신만의 걸음걸이로 뚜벅뚜벅 걸어가면 된다. 거친 돌파력 위에 섬세한 디테일을 얹고, 빠른 속도 위에 따뜻한 배려를 입히는 것.

그렇게 완성된 정원오식 정치는 이재명의 아류가 아니라, 그와 함께 대한민국을 지탱하는 또 하나의 든든한 기둥이 될 것이다.

배울 줄 아는 사람은 멈추지 않는다. 그리고 좋은 선배를 둔 후배는, 어디서도 길을 잃지 않는다.

34*
좋은 걸 어떡해

누군가를 좋아하는 마음에 딱히 이유가 있을까?

좋으면 그냥 좋은 거다. 우리가 좋아하는 가수의 노래를 찾아 듣고, 좋아하는 배우가 나오는 영화를 챙겨 보는 건 누가 시켜서 하는 일이 아니다. 보고 있으면 기분이 좋아지고, 내 삶에 작은 위로가 되니까.

정치인을 지지하는 일도 그래야 하지 않을까. 반드시 이겨야 해서, 저쪽이 죽도록 싫어서 억지로 뭉치는 거친 마음 말고, '이 사람이면 내 삶을 좀 더 근사하게 만들어 줄 것 같아서' 저절로 생기는 마음 말이다.

지금 정원오에게 필요한 건 바로 이런 마음들이다. 정원오에게는

여의도의 내로라하는 거물들 같은 거대한 조직이 없다. 전국을 호령하는 탄탄한 계파도 없다. 맨몸으로 거친 파도를 헤쳐 나가야 하는 그에게 가장 필요한 건, 파도를 넘어 앞으로 나아가게 해줄 튼튼한 돛이다. 그리고 그 돛을 부풀게 하는 건 결국 사람들이 일으키는 바람이다.

그 바람을 우리는 '가든파이브'라 부르기로 하자. 정원오의 이름에서 따온 정원Garden과 오Five를 합친 말이지만, 뜻은 더 깊다. 서울이라는 고단한 도시를 아름다운 정원처럼 가꾸는 다섯 개의 따뜻한 손길. 이름부터가 벌써 싸움보다는 가꿈에 가깝다.

우리가 바라는 지지자들의 모습은 뉴스에 나오는 무서운 팬덤과는 다르다. 다른 편을 공격하고, 좌표를 찍어 우르르 몰려가고, 우리 편이 아니면 모두 적이라고 소리치는 날 선 모습이 아니다. 그런 방식은 후보를 지키는 게 아니라, 오히려 후보를 고립시킨다.

정원오를 좋아하는 사람들은 달라야 한다. 그를 닮아 따뜻하고, 그를 닮아 유쾌하며, 무엇보다 그를 닮아 실용적이어야 한다. 이 마음의 시작은 이념이 아니라 취향이다. 내 집 앞 가로등을 고쳐줘서 고마운 마음, 건널목 바닥에 불을 밝혀줘서 안심되는 마음, 낡은 동네에서 쫓겨나지 않고 살 수 있게 지켜줘서 든든한 마음. 이런 구체적인 고마움들이 모여 '정원오라는 사람, 참 괜찮다'라는 취향을 만든다.

주변에서 "왜 하필 정원오야?"라고 물으면, 복잡한 정치 논리를 댈 필요가 없다.

"일 잘하잖아. 내 말 잘 들어주잖아. 그래서 그냥 좋아."

이 한마디면 충분하다.

가장 강력한 지시는 논리적인 설득이 아니라, 조건 없는 애정에서 나온다. 너무 좋아서 남들에게도 알려주고 싶은 마음. 맛있는 걸 먹으면 사랑하는 사람이 생각나는 것처럼, 좋은 정책을 겪어보니 다른 동네 사는 친구에게도 맛보게 해주고 싶은 그 오지랖 넓은 다정함이 바로 정원오를 지지하는 사람들의 정체성이다.

그들은 맹목적인 추종자가 아니다. 정원오가 잘하면 박수를 보내지만, 혹시라도 그가 초심을 잃으려 하면 가장 먼저 따끔한 문자를 보낼 사람들이다. 그를 아이돌처럼 우상화하는 게 아니라, 내 삶을 지켜줄 유능한 파트너로 인정하고 곁을 내주는 것이다.

이런 건강한 마음들은 소란스럽지 않다. 대신 힘이 세다. 길거리에서 고함을 지르는 대신, 단톡방에 "성동구는 이렇게 바뀌었대"

라며 사진 한 장을 공유한다. 상대 후보를 비난하는 대신, "우리 후보는 이런 걸 만들었어"라며 조용히 팩트로 승부한다. 우리가 옳다는 선언보다, 여기가 달라졌다는 증언이 더 멀리 간다는 걸 알기 때문이다.

정치는 혼자 하는 게 아니다. 좋은 정치인은 좋은 시민이 만든다. 정원오가 무표정한 서울의 거리를 걸을 때, 그가 지치지 않도록 뒤에서 조용히 밀어주는 손길. 그가 잠시 주저앉고 싶을 때, "괜찮아, 우리가 있잖아"라며 어깨를 내어주는 사람들.

그런 사람들이 곁에 있다면, 그는 결코 외롭지 않을 것이다. 그리고 그 따뜻한 바람은, 결국 서울 전체를 기분 좋게 물들이는 봄바람이 될 것이다. 좋은 사람은 좋은 사람을 부른다. 그냥 좋아서, 자꾸만 마음이 가서 모인 사람들.

그 다정한 힘이, 힘들이 세상을 바꾼다. 좋은 걸 어떡해.

35*
울림이 있는 데뷔전

이제는 옷을 갈아입어야 할 시간.

정원오라는 이름에는 지난 12년간 성동구 골목길을 누비며 묻힌 흙먼지와 땀 냄새가 배어 있다. 그것은 영광스러운 훈장이지만, 동시에 그가 깨뜨려야 할 껍질이기도 하다. 구청장 정원오와 서울시장 후보 정원오는 엄연히 다른 무대에 서는 사람이니까. 무대가 바뀌면 호흡도, 시선도, 관객에게 건네는 첫마디도 달라져야 한다.

결론은 명확하다. 정든 동네를 잘 마무리하고, 서울이라는 거친 바다로 나아가야 한다. 선거는 첫인상에서 절반이 결정된다. 그 첫 장면에서 사람들의 뇌리에 무엇을 남길 것인가.

그 답이 소란이 아니라 울림이어야 한다고 생각한다.

선거판에 들어서면 누구나 마음이 급해진다. 멋진 슬로건을 열 개쯤 늘어놓고 싶고, 목소리 톤을 높여 내 존재를 알리고 싶어 한다. 하지만 서울은 이미 충분히 시끄러운 도시다. 소음에는 소음으로 반응하지 않는다. 오히려 귀를 닫아버린다.

이때 필요한 것이 바로 울림이다. 화려한 구호보다는 손에 잡히는 변화를, 추상적인 상징보다는 서울 시민의 삶을 지탱하는 단단한 기준을 나지막하게 이야기하는 것이다.

"저는 거창한 구호를 외치러 온 게 아닙니다. 다만 무너진 기본을 바로 세우고, 꽉 막힌 서울의 숨통을 틔우러 왔습니다."

이런 단단한 약속들이 하나의 기준 위에 정렬될 때 이야기는 힘을 얻는다. 도시를 바꾸는 건 요란한 팡파르가 아니라, 원칙을 지키며 나아가는 묵직한 걸음걸이다.
첫 관문은 민주당 경선. 결코 쉬운 무대가 아니다.

익숙한 이름들, 굳어진 라인, 보이지 않는 관성까지 넘어야 할 벽이 첩첩산중이다. 하지만 그래서 오히려 기회다. 벽이 높을수록, 그 벽을 넘는 순간의 드라마는 커지는 법이니까. 이 과정은 정원

이제는 옷을 갈아입어야 할 시간.
정든 동네를 잘 마무리하고,
서울이라는 거친 바다로 나아가야 한다.

오라는 사람을 세상에 제대로 알릴 절호의 데뷔 무대다. 경선을 지켜보며 민주당 당원들은 물을 것이다. 당신은 본선에서 이길 수 있는가. 그리고 당신은 이재명과 결이 맞는 사람인가.

재미있는 건 사람들이 종종 정원오를 '리틀 이재명'이라 부른다는 사실이다. 그저 같은 행정가 출신이라는 이유 때문이 아니다. 일하는 방식, 즉 몸에 배어 있는 실행의 DNA가 닮았기 때문이다.

성남시장 시절의 성과에 대해 누구보다 자부심이 강한 이재명조차 성동구의 행정을 둘러보고는 "내가 할 때보다 더 꼼꼼하게 잘하는 것 같다"라며 혀를 내둘렀다는 후문이다. 성동구의 스마트 쉼터와 촘촘한 생활 안전 시스템을 보며, 자신이 만들었던 행정의 효능감이 이곳에서 한 단계 더 진화했음을 인정한 셈이다.

이재명이 인정한 그 꼼꼼한 실행력이야말로 본선에서 오세훈 시장을 이길 수 있는 가장 강력한 무기다. 구호만 요란한 상대에게 실적으로 맞설 수 있는 유일한 카드이기 때문이다. 당원들이 찾는 '이기는 후보'의 자격은 바로 여기서 증명된다.

경선은 치열한 시험장이지만, 동시에 최고의 홍보 무대다. 경쟁이 뜨거워질수록 사람들의 눈과 귀가 쏠린다. 이 주목을 서로 헐뜯는 진흙탕 싸움으로 소비해서는 안 된다. 대신 인지도와 신뢰를 높이는 기회로 삼아야 한다. 남들이 상대를 공격할 때, 정원오는 서울의 내일을 이야기해야 한다. 남들이 계파를 따질 때, 정원오는 시민의 삶을 챙겨야 한다.

첫 출사표를 던지는 그날, 그가 너무 비장하지 않았으면 좋겠다. 대신 엉킨 실타래를 풀어 온 해결사처럼, 차분하고 담담하게 말을 건넸으면 한다.

화려한 조명 아래 선 스타가 아니라, 늦은 밤까지 꺼지지 않는 구청 상황실의 불빛 같은 사람. 서울은 지금 그런 묵직한 울림을 기다리고 있다. 처음엔 골목에서 시작된 가벼운 메아리였지만, 그 울림이 머지않아 서울 전체를 뒤흔들 수 있기를.

36*
스며들게, 물들게

누군가의 마음을 얻는다는 것.
세상에서 그보다 더 어렵고, 그보다 더 귀한 일이 또 있을까.

사람들은 흔히 선거를 '표를 얻는 게임'이라고 말한다. 계산기를 두드리고, 전략을 짜고, 바람을 일으켜 숫자를 채우는 싸움이라고.

틀린 말은 아니다.
하지만 곰곰이 생각해 보자. 그 표는 어디에서 오는가. 결국 사람의 마음이다.

결국 선거는 마음을 얻는 일이고, 마음은 오직 진심으로만 움직일 수 있다. 기술이나 전략으로는 잠시 눈을 속일 수 있을지 몰라도, 굳게 닫힌 마음의 빗장을 열 수는 없다.

'우리 동네도 성동구처럼 살기 좋아질 거야'라는 희망이
강북에서 강남으로, 동쪽에서 서쪽으로 번져갈 때,
서울은 비로소 정원오라는 색깔로
서서히 물들게 될 것이다.

지난 12년, 정원오가 성동구에서 이뤄낸 일이 바로 그랬다.
그는 표를 세기보다 사람의 마음을 먼저 헤아렸다. 차가운 행정 숫자 대신, 주민의 따뜻한 체온을 믿었다. 민원 문자 하나에 밤잠을 설치고, 쫓겨날 위기에 처한 상인의 손을 잡고, 길 잃은 어르신의 신발에 작은 등불을 달아주었다.

그렇게 쌓인 시간이 모여 '신뢰'라는 단단한 땅을 만들었다. 성동구민들이 보내는 지지는 어느 날 갑자기 터진 대박이 아니라, 콩나물시루에 물을 주듯 매일매일 성실하게 부어온 정성이 만들어낸 결과다.

정원오라는 이름, 아직 서울의 많은 시민에게는 낯설 수 있다. 하지만 우리는 그 낯섦이 두려움이 아니라 '기분 좋은 설렘'이 될 것이라 믿는다.

우리는 너무 오래 낡은 정치에 지쳐 있었다. 서로를 헐뜯는 고성, 지키지 못할 헛된 약속, 내 삶과는 동떨어진 그들만의 리그. 그 피로감 속에 등장한 '때 묻지 않은 사람'을 만나는 일은, 마치 오래된 서재에서 먼지를 털어내고 발견한 귀한 책처럼 신선하고 즐거운 경험이 될 것이다.

마음을 얻는 건 하루아침에 되는 일이 아니다. 봄비가 메마른 대지를 적시듯 천천히, 하지만 깊숙이 스며들어야 한다.

성동구에서 증명된 그 기분 좋은 변화들이 서울 시민들의 마음속으로 스며들 때, '우리 동네도 성동구처럼 살기 좋아질 거야'라는 희망이 강북에서 강남으로, 동쪽에서 서쪽으로 번져갈 때, 서울은 비로소 정원오라는 색깔로 서서히 물들게 될 것이다.

소란스럽게 외치지 않아도, 강요하지 않아도 좋다. 진심은 결국 통하게 되어 있고, 좋은 향기는 바람을 타고 가장 멀리 퍼지는 법이니까.

서울은 기적을 바라는 것이 아니다. 그저 내 젖은 어깨를 말려줄 따뜻한 볕을, 내 고단한 발을 쉬게 할 편안한 의자를 원할 뿐이다. 정원오는 그 소박하지만 간절한 바람에 응답할 준비가 되어 있다. 가장 낮은 곳에서 시작해 가장 넓은 곳으로.

그렇게 조용히 스며들게. 그리고 마침내, 물들게.

에필로그*

흔히 정치는 계단 같다고들 한다.
한 칸을 오르면 다음 칸이 손짓하고, 더 높이, 더 위로 오르라는 유혹이 끊이지 않는 사다리. 많은 정치인이 그 사다리의 끝을 보며 숨 가쁘게 올라간다.

하지만 서울시장이라는 자리는 그 계단의 중간쯤 놓인 발판이 아니다.
오늘 고단한 몸을 이끌고 한강을 건너는 사람, 묵묵히 덕수궁 돌담길을 걷는 사람, 퇴근길 버스 정류장에서 지친 다리를 두드리며 하루를 버티는 사람. 그들의 흔들리는 어깨를 잡아 주는 손잡이여야 한다. 내일의 야망을 위한 디딤돌이 아니라, 시민의 오늘을 단단하게 붙잡아 주는 버팀목이어야 한다.

그래서 우리는 이 책에서 정원오라는 한 사람을 아주 오래 들여다보았다.
단순히 한 정치인을 칭찬하고 싶어서가 아니었다. 그의 이름을 빌려, 사실은 우리 모두가 마음에 품고 있던 질문을 꺼내 보고 싶었다. 거창하게 도시가 어디로 가야 하느냐는 추상적인 질문 대신, 도시는 과연 누구 편에 서야 하느냐는 구체적이고 아픈 질문을 던져 보고 싶었다.

책장을 덮으며 한 가지 소망을 품는다. 이 기록이 정원오 한 사람의 이야기로 끝나지 않기를. 서울이 제대로 서기 위해서는 제2, 제3의 정원오가 계속 나타나야 한다. 이름은 달라도 마음의 결이 같은 사람들. 화려한 조명보다는 도시의 가장 약하고 어두운 곳을 먼저 바라보는 눈, 위험 앞에서 본능적으로 시민 쪽으로 몸을 기울이는 태도, 오래된 것과 새로운 것이 함께 숨 쉴 길을 찾는 지혜를 가진 사람들이 곳곳에서 자라나야 한다.

그래서 이 책은 정원오에 대한 찬사가 아니다. 우리 주변에 숨어 있는 또 다른 정원오들을 찾아 나서자는 조용한 제안이다. 어느 구청의 낡은 사무실에서, 어느 학교 운동장 한구석에서, 혹은 어느 복지관의 작은 창가에서. 지금도 묵묵히, 소란스럽지 않게 누군가의 삶을 지키고 있을 또 다른 이름들을 향해 보내는 간절한 신호다. 우리는 그들을 찾아내고, 응원하고, 지켜보는 일을 멈추지 않을 것이다.

언젠가 시간이 흘러 먼 훗날, 우리가 함께한 오늘을 돌아보며 이렇게 말할 수 있기를 바란다. 그때 우리의 선택이 비록 완벽하지는 않았을지 몰라도, 적어도 우리는, 서울을 진심으로 사랑하려는 사람 곁에 서 있었다고.

스며들다, 정원오
표가 아니라 마음을 얻는 사람

제1판 1쇄 발행 2025년 12월 10일

기획	미래전략연구소
저자	이정훈
펴낸이	김덕문
편집	손미정
디자인	놈normmm
영업	이종률
제작	정우미디어

펴낸곳	더봄
등록일	2015년 4월 20일
주소	서울시 마포구어울마당로 130 기린빌딩 3105호
대표전화	02-975-8007 ‖ **팩스** 02-975-8006
전자우편	thebom21@naver.com
블로그	blog.naver.com/thebom21

ⓒ이정훈, 2025
ISBN 979-11-92386-41-6 03340

- 이 책의 내용의 전부 또는 일부를 재사용하려면
  반드시 저작권자와 출판사 더봄 양측의 동의를 받아야 합니다.
- 책값은 뒤표지에 표시되어 있습니다.
- 잘못된 책은 서점에서 바꾸어 드립니다.